WERNER BUBLIES

# Die Aussetzung des Restes der Ersatzfreiheitsstrafe

# Kriminologische und sanktionenrechtliche Forschungen

Begründet als „Kriminologische Forschungen" von Prof. Dr. Hellmuth Mayer

Herausgegeben von Prof. Dr. Joachim Hellmer und Prof. Dr. Eckhard Horn

Band 2

# Die Aussetzung des Restes der Ersatzfreiheitsstrafe

Von

Dr. Werner Bublies

Duncker & Humblot · Berlin

CIP-Titelaufnahme der Deutschen Bibliothek

**Bublies, Werner:**
Die Aussetzung des Restes der Ersatzfreiheitsstrafe / von
Werner Bublies. - Berlin: Duncker u. Humblot, 1989
(Kriminologische und sanktionenrechtliche Forschungen; Bd. 2)
Zugl.: Kiel, Univ., Diss., 1987
ISBN 3-428-06591-3
NE: GT


Druck: Berliner Buchdruckerei Union GmbH, Berlin 61
Printed in Germany

ISSN 0933-078X
ISBN 3-428-06591-3

***Für Ulli***

# Inhaltsverzeichnis

## Abkürzungsverzeichnis

| | |
|---|---|
| a.a.O. | am angegebenen Ort |
| aE | Alternativentwurf |
| aF | alte(r) Fassung |
| AG | Amtsgericht |
| allgA | allgemeine Ansicht |
| allgM | allgemeine Meinung |
| Anm. | Anmerkung |
| Aufl. | Auflage |
| BayObLG | Bayerisches Oberstes Landgericht |
| Bd. | Band |
| BewHi | Bewährungshilfe |
| BGH | Bundesgerichtshof |
| BGHSt | Entscheidungen des Bundesgerichtshofes in Strafsachen |
| BT-Drucks. | Bundestagsdrucksache |
| BtMG | Betäubungsmittelgesetz |
| BT-Prot. | Bundestagsprotokolle |
| BVerfG | Bundesverfassungsgericht |
| BVerfGE | Entscheidungen des Bundesverfassungsgerichts |
| BZRG | Bundeszentralregistergesetz |
| bzw. | beziehungsweise |
| ders. | derselbe |
| d.h. | das heißt |
| Die Justiz | Amtsblatt des Justizministeriums Baden Württemberg |
| dies. | dieselbe |
| DRiZ | Deutsche Richterzeitung |
| etc. | et cetera |
| f, ff | folgende (r,s) |
| Fn | Fußnote |
| FS | Festschrift |
| GA | Goltdammer's Archiv für Strafrecht |
| GG | Grundgesetz |
| GVG | Gerichtsverfassungsgesetz |
| Hg. | Herausgeber |
| hM | herrschende Meinung |
| i.ü. | im übrigen |

| | |
|---|---|
| JA | Juristische Arbeitsblätter |
| JGG | Jugendgerichtsgesetz |
| JMBlNW | Justizministerialblatt für Nordrhein-Westfalen |
| JR | Juristische Rundschau |
| JurA | Juristische Analysen |
| JurBüro | Das juristische Büro |
| JuS | Juristische Schulung |
| JZ | Juristenzeitung |
| KG | Kammergericht |
| LG | Landgericht |
| MDR | Monatsschrift für Deutsches Recht |
| MschrKrim | Monatsschrift für Kriminologie und Strafrechtsreform |
| m.w.Nw. | mit weiteren Nachweisen |
| Nd. | Niederschriften |
| NdsRpfl | Niedersächsische Rechtspflege |
| NJW | Neue Juristische Wochenschrift |
| Nr. | Nummer |
| NStZ | Neue Zeitschrift für Strafrecht |
| ÖJZ | Österreichische Juristenzeitung |
| OLG | Oberlandesgericht |
| OLGSt. | Entscheidungen der Oberlandesgerichte zum Straf- und Strafverfahrensrecht |
| RegE | Regierungsentwurf |
| RG | Reichsgericht |
| Rn | Randnummer |
| Rpfleger | Der Deutsche Rechtspfleger |
| S. | Seite |
| SchlHA | Schleswig-Holsteinische Anzeigen |
| StGB | Strafgesetzbuch |
| StPO | Strafprozeßordnung |
| StVollstrO | Strafvollstreckungsordnung |
| StVollzG | Strafvollzugsgesetz |
| StVollzVergO | Strafvollzugsvergütungsordnung |
| u.U. | unter Umständen |
| vgl. | vergleiche |
| ZRP | Zeitschrift für Rechtspolitik |
| ZStW | Zeitschrift für die gesamte Strafrechtswissenschaft |
| z.Z. | zur Zeit |

## Einleitung und Problemstellung

Gegenstand der vorliegenden Arbeit ist die Frage, ob auch bei Ersatzfreiheitsstrafen der Strafrest nach § 57 StGB zur Bewährung ausgesetzt werden kann. Diese in Rechtsprechung und Literatur umstrittene Frage ist von erheblicher praktischer Bedeutung, werden jährlich doch über 30000 Ersatzfreiheitsstrafen vollstreckt[1]. In etwa 5 – 7 % der Geldstrafenfälle kommt es damit zu einer Vollstreckung der Ersatzfreiheitsstrafe[2].

In der Mehrzahl der Fälle ist die Ersatzfreiheitsstrafe aber nur von kurzer Dauer[3] und fällt somit nicht in den Anwendungsbereich des § 57 I StGB[4]. Im Durchschnitt dauert die Ersatzfreiheitsstrafe etwa 30 Tage, wobei allerdings in letzter Zeit zu beobachten ist, daß sich die durchschnittliche Verbüßungszeit erhöht[5].

Nach einer Erhebung des Niedersächsischen Justizministeriums aus dem Jahre 1982 lagen etwa 15 % der Ersatzfreiheitsstrafen nach ihrer voraussicht-

---

[1] In den vergangenen Jahren wurden folgende Zugänge an Ersatzfreiheitsstrafen in den Justizvollzugsanstalten der Länder registriert:

| | | | |
|---|---|---|---|
| 1972: | 20478 | 1979: | 26061 |
| 1973: | 22525 | 1980: | 25903 |
| 1974: | 27588 | 1981: | 28954 |
| 1975: | 26903 | 1982: | 34278 |
| 1976: | 27469 | 1983: | 33715 |
| 1977: | 27850 | 1984: | 31728 |
| 1978: | 27724 | 1985: | 30765 |

Quelle: Fachserie 10, Rechtspflege, Reihe 4 (Strafvollzug) für die jeweiligen Jahre, Hg. Statistisches Bundesamt Wiesbaden.

[2] Vgl. hierzu *Nüßlein,* S. 101; *Albrecht* (1980), S. 233, 296; *Schädler,* ZRP 1983, 5. 9; *Heinz,* BewHi 1984, 13, 21; *ders.* Festschrift für Jescheck, S. 955, 963; 1984 wurden 502 727 Geldstrafen verhängt, vgl. Fachserie 10, Rechtspflege, Reihe 3 (Strafverfolgung), 1984, S. 73, Hg. Statistisches Bundesamt Wiesbaden.

[3] Vgl. *Hasenpusch/Steinhilper,* S. 203; regional sind aber erhebliche Unterschiede festzustellen, vgl. *Albrecht* (1980), S.207. Die Ersatzfreiheitsstrafe ist in der jüngsten Vergangenheit insbesondere im Rahmen der Projekte der gemeinnützigen Arbeit wiederholt Forschungsgegenstand gewesen. Hervorzuheben sind die Untersuchungen von *Albrecht* (1980 und 1982), *Rolinski* (1981), die genannte niedersächsische Untersuchung (1982) sowie *Schädler* (1985).

[4] Daß Abs. 2 von § 57 einmal zum Zuge kommen könnte, ist angesichts der hohen Mindestverbüßungszeit sehr unwahrscheinlich.

[5] Vgl. hierzu *Schädler,* ZRP 1985, 186, 189.

lichen Verbüßungsdauer über 60 Tagen[6]. Das bedeutet: Wenn eine Restaussetzung der Ersatzfreiheitsstrafe möglich wäre, so sind etwa 4500 Ersatzfreiheitsstrafen jährlich davon betroffen.

Diese Zahl verringert sich noch einmal beträchtlich, da häufig auch nach Strafantritt zumindest teilweise die Geldstrafe bezahlt wird. Dabei zeigte die genannte Untersuchung, daß nicht so sehr bei den sehr kurzen Ersatzfreiheitsstrafen, als vielmehr vor allem (in 57 % der Fälle[7]) bei Ersatzfreiheitsstrafen über 30 Tagen die Restgeldstrafe zum Teil noch gezahlt wurde[8]. Die Folge hiervon war, daß nur noch 7,5 % der Ersatzfreiheitsstrafen[9] tatsächlich über 60 Tage dauerten und somit in den Anwendungsbereich des § 57 I StGB fielen. Der auszusetzende Rest der Strafe war dann allerdings gering: Gut 30 % der Ersatzfreiheitsstrafen dauerten nach dieser Untersuchung 61 – 70 Tage, jeweils etwa 15 % dauerten 71 – 80 bzw. 81 – 90 Tage. Über 90 Tagen lagen etwa 30 % der untersuchten Ersatzfreiheitsstrafen[10]. Absolut gesehen heißt dies: Bei etwa 2000 – 2500 der Ersatzfreiheitsstrafen käme eine Restaussetzung nach § 57 I StGB in Betracht, sofern man entsprechend der ganz hM[11] bereits nach einer Mindestverbüßungszeit von zwei Monaten die Aussetzung des Strafrestes für zulässig erachtete. Daß nicht mehr Ersatzfreiheitsstrafen von der Möglichkeit einer Restaussetzung betroffen wären, hängt vor allem damit zusammen, daß nach der derzeitigen Sanktionspraxis der Gerichte kaum Geldstrafen über 90 Tagessätze verhängt werden. Entsprechend wenige Ersatzfreiheitsstrafen fallen in den Anwendungsbereich von § 57 I StGB.

In letzter Zeit stellt sich jedoch die Frage, ob das Problem der Ersatzfreiheitsstrafenvollstreckung[12] nicht an Bedeutung verliert. In allen Bundesländern sind mittlerweile Projekte „Gemeinnützige Arbeit statt Haft" angelaufen, die dazu geführt haben, daß die Zahl der zu vollstreckenden Ersatzfreiheitsstrafen teilweise erheblich zurückgegangen ist. Wenngleich auch der Erfolg dieser Projekte nicht zu übersehen ist – in einzelnen Bundesländern betrug der Rückgang an zu vollstreckenden Ersatzfreiheitsstrafen binnen Jah-

---

[6] *Hasenpusch/Steinhilper*, S. 203; es kommt danit relativ häufiger zur Vollstreckung von Ersatzfreiheitsstrafen, als dies an sich dem Anteil an Geldstrafenverurteilungen entspricht. So werden in etwa 1,8 % der Fälle Geldstrafen mit Tagessätzen von mehr als 90 Tagen verhängt. Der Anteil der Ersatzfreiheitsstrafen über 90 Tage beträgt hingegen etwa 3,8 %.

[7] *Hasenpusch/Steinhilper*, S. 203.

[8] Daß derart häufig die (Rest-)Geldstrafe noch nach Strafantritt bezahlt wird, ist von den Oberlandesgerichten, die sich für die Möglichkeit einer Restaussetzung ausgesprochen hatten, verkannt worden; vgl. *OLG Zweibrücken* JR 1976, 466, 467; *OLG Düsseldorf* NJW 1977, 308; *OLG Koblenz* MDR 1977, 423, 424.

[9] *Hasenpusch/Steinhilper*, S. 203

[10] Vgl. *Hasenpusch/Steinhilper*, S.203

[11] Vgl. nur *OLG Köln* MDR 1959, 57; *Schönke/Schröder/Stree*, § 57 Rn 3; *Ruß*, LK, § 57 Rn 5.

[12] Zu den positiven und negativen Wirkungen der Ersatzfreiheitsstrafe vgl. *Zimmermann*, BewHi 1982, 113, 115 f; *Ermgassen* in *Jescheck/Grebing*, S. 931 ff.

resfrist bis zu 28 % –, ist doch andererseits nicht zu erwarten, daß die Projekte die Zahl der zu vollstreckenden Ersatzfreiheitsstrafen entscheidend zu vermindern vermögen[13].

Das Angebot an gemeinnützigen Arbeitsstellen ist neben vielfältigen Schwierigkeiten, auf die noch einzugehen sein wird, maßgeblich von der Arbeitsmarktlage beeinflußt. Hier sind Grenzen gesetzt. Zwar wird im sozialen Bereich immer eher von einem Arbeitskräftemangel auszugehen sein[14], es ist aber zu bedenken, daß die Geldstrafenschuldner bei den Projekten mit Personen „konkurrieren", für die nach dem Arbeitsförderungsgesetz bzw. nach dem Bundessozialhilfegesetz auch gemeinnützige Arbeit möglich wäre[15]. Ob sich die Arbeitsprojekte für Geldstrafenschuldner hier werden behaupten können, und ob sich die Anfangserfolge stabilisieren werden, bleibt abzuwarten.

Auch wenn die Verbüßungszahlen im Zusammenhang mit der Einführung der Arbeitsprojekte zurückgegangen sind, so ist doch zu befürchten, daß, wie die Erfahrung gezeigt hat, bei sich verschlechternden wirtschaftlichen Gegebenheiten mit einem Anstieg der Ersatzfreiheitsstrafen zu rechnen ist. Eine ähnliche Entwicklung hatte es beispielsweise Ende der zwanziger Jahre gegeben. Der Prozentsatz der vollstreckten Ersatzfreiheitsstrafen an den verhängten Geldstrafen stieg damals von 9,2 % (1926) auf 15,4 % (1931)[16]. Auch Anfang der siebziger und achtziger Jahre stieg der Anteil der zu vollstreckenden Ersatzfreiheitsstrafen angesichts sich verschlechternder wirtschaftlicher Bedingungen – verbunden mit einer plötzlich eintretenden Arbeitslosigkeit sowie einer hohen Verschuldung – beträchtlich an[17]. Es hatten damit vermehrt Personen eine Ersatzfreiheitsstrafe zu verbüßen, obwohl dies an sich nicht zu rechtfertigen war. Diese Personen waren häufig infolge ihrer wirtschaftlichen Situation nicht in der Lage, die Geldstrafe zu bezahlen[18]. Sollten sich die wirtschaftlichen Verhältnisse weiter verschlechtern, wird mit einem Anstieg der Ersatzfreiheitsstrafen zu rechnen sein, sofern nicht funktionierende Alternativen zum Freiheitsentzug vorhanden sind.

Erste Erfahrungen mit den Projekten haben gezeigt, daß sich durch die Einführung der Arbeitsprojekte das Problem der Ersatzfreiheitsstrafenverbüßer letztlich nicht lösen lassen wird. Gerade der „harte Kern" der Geldstrafen-

---

[13] So auch *Albrecht,* BewHi 1985, 121, 128; optimistischer *Schädler,* ZRP 1983, 5, 9; *Horstkotte,* BewHi 1984, 2, 7.

[14] Optimistisch etwa *Pfohl,* S. 116, 129, 131 f; ebenso *Schultz,* S. 791, 805; *Albrecht,* BewHi 1985, 121, 123.

[15] Vgl. zu dem Problem *Kleiner,* ZRP 1983, 112.

[16] Vgl. *Rusche/Kirchheimer,* S. 239.

[17] Vgl. hierzu *Best,* S. 210; *Horstkotte,* BewHi 1984, 2,7 sowie die obigen Zahlenangaben.

[18] Vgl. hierzu auch die Antwort der Bundesregierung zu einer Kleinen Anfrage, BT-Drucks. 8/4130, S. 7.

schuldner kann von der freien Arbeit nicht erreicht werden, dieser hat weiterhin die Ersatzfreiheitsstrafe zu verbüßen[19]. Bei diesen Personen ist eine hohe soziale Desintegration, eine erhebliche soziale und wirtschaftliche Mängellage feststellbar[20]. Der größte Teil dieser Personen ist arbeitslos bzw. ohne feste Arbeit. Viele leben allein, haben oftmals keine feste Wohnung. Ihren Lebensunterhalt bestreiten sie von Arbeitslosenhilfe bzw. von Sozialhilfe, manche haben gar kein festes Einkommen[21]. Ein Hauptgrund dafür, daß es trotz der Möglichkeit zur Gewährung von Zahlungserleichterungen sowie zur Ableistung gemeinnütziger Arbeit dennoch zu einer Vollstreckung der Ersatzfreiheitsstrafe kommt, dürfte darin zu sehen sein, daß die Ersatzfreiheitsstrafenverbüßer nicht die Verantwortlichkeit entwickeln, die bei einem durchschnittlichen Erwachsenen regelmäßig anzutreffen und die durch eine allgemeine Vorsorge gekennzeichnet ist. Diese Personen leben, so die Feststellung von Rolinski[22], planlos in den Tag hinein und von der Hand in den Mund. Wenn sie von einer nicht abwendbaren Zahlungsaufforderung zu einem Zeitpunkt getroffen werden, in dem sie gerade – aus welchen Gründen auch immer – keine Arbeit haben, müssen sie mit ihrer Person eintreten, da sie in der Regel nicht auf finanzielle Reserven zurückgreifen können[23]. Das Angebot, gemeinnützige Arbeit zu leisten und so die Geldstrafe zu tilgen, kann häufig deswegen nicht greifen, weil die Personen ohne festen Wohnsitz sind bzw. häufig ihren Wohnsitz wechseln, mit der Folge, daß sie von dem Angebot gar nicht erreicht werden[24].

Es ist somit davon auszugehen, daß die Frage nach einer Restaussetzung der Ersatzfreiheitsstrafe – trotz der nicht zu verkennenden Erfolge der Arbeitsprojekte – ihre Bedeutung behalten wird. Durch die Arbeitsprojekte sind die sozial noch einigermaßen integrierten Geldstrafenschuldner erfaßt, bei der problematischen Gruppe, eben dem „harten Kern" der Geldstrafenschuldner, wird diese Alternative zum Freiheitsentzug nur bedingt Wirkung entfalten.

Es ist in absehbarer Zeit insofern nicht zu erwarten, daß die letztlich unerwünschte Ersatzfreiheitsstrafe entscheidend zurückgedrängt werden kann[25]. Die Frage, ob ein Ersatzfreiheitsstrafenverbüßer in den Genuß einer Strafrestaussetzung nach § 57 I StGB kommen kann, ob mithin die Möglichkeit einer

---

[19] Vgl. *Schädler,* ZRP 1985, 186, 189 f.

[20] *Schädler,* a.a.O.; vgl hierzu auch *Albrecht* (1980), S. 257 ff; *ders.* (1982), S. 166.

[21] So die Feststellungen von *Schädler,* ZRP 1985, 186, 189 f.

[22] *Rolinski,* MschrKrim 1981, 52, 61.

[23] *Rolinski,* a.a.O.

[24] So die Feststellung von *Schädler,* ZRP 1985, 186, 192; nur etwa 20 – 30 % der Geldstrafenschuldner reagieren auf das ihnen unterbreitete Angebot zur Ableistung gemeinnütziger Arbeit; vgl. *Reiß,* Rpfleger 1985, 133, 136; *Krieg* u.a., MschrKrim 1984, 25, 33.

[25] Abgeschafft ist die Ersatzfreiheitsstrafe mittlerweile allerdings in Italien und Ecuador; in anderen Ländern ist sie stark zurückgedrängt worden, so daß es kaum noch zu ihrer Vollstreckung kommt; vgl hierzu die Landesberichte von *Jescheck* (1983), S. 1996 f.

Strafrestaussetzung bei Ersatzfreiheitsstrafen wie bei „normalen“ Freiheitsstrafen besteht, wird demnach auch in Zukunft von Bedeutung sein.

Mit der vorliegenden Arbeit soll der Nachweis geführt werden, daß eine Aussetzung des Restes von Ersatzfreiheitsstrafen dem geltenden Recht fremd und auch nicht im Wege einer analogen Anwendung möglich ist. Eine Gleichbehandlung von Freiheitsstrafe und Ersatzfreiheitsstrafe ist wegen der Wesensverschiedenheit der Strafen nicht geboten.

## 1. Teil

# Der Meinungsstand in Rechtsprechung und Literatur

Die Frage, ob eine Restaussetzung der Ersatzfreiheitsstrafe nach § 57 I StGB in unmittelbarer bzw. analoger Anwendung der Vorschrift in Betracht kommt, ist in Rechtsprechung und Literatur umstritten[26]. Während zehn Oberlandesgerichte[27] eine Strafrestaussetzung bei Ersatzfreiheitsstrafen für nicht möglich erklärten, hielten vier Oberlandesgerichte[28] eine derartige Möglichkeit für gegeben. Eine Entscheidung des Bundesgerichtshofes liegt nicht vor, ist im Hinblick auf § 121 I Nr. 2, II GVG auch nicht zu erwarten.

Hat sich die Mehrzahl der Oberlandesgerichte einer Restaussetzung der Ersatzfreiheitsstrafe ablehnend gegenüber geäußert, so stellt sich das Zahlenverhältnis innerhalb der Literatur umgekehrt dar. Die Literatur hält überwiegend eine Strafrestaussetzung für möglich, nur wenige Stimmen äußern sich ablehnend[29]. Angesichts der überwiegend ablehnenden Haltung der Rechtsprechung kann von einer hM demnach – entgegen einer teilweise geäußerten Auffassung[30] – nicht gesprochen werden.

---

26 Nur in ganz wenigen Ländern (Polen, Japan sowie der DDR) ist eine Strafrestaussetzung der Ersatzfreiheitsstrafe vorgesehen; vgl. hierzu den Überblick bei *Grebing* in *Jescheck/Grebing*, S. 1336 sowie Lehrkommentar, S. 210.

27 *OLG Schleswig*, OLGSt. § 57, S. 23; *OLG München* NJW 1977, 309; *OLG Celle* JR 1977, 121; *KG* GA 1977, 237; *OLG Hamm* (3. Straf – senat) MDR 1977, 422; *OLG Oldenburg* JurBüro 1977, 520; *OLG Stuttgart* MDR 1978, 331; *OLG Karlsruhe* Die Justiz 1978, 146; *OLG Düsseldorf* (5. Strafsenat) NJW 1980, 250; *OLG Köln*, OLGSt. § 57, Nr. 7; ferner *AG Berlin-Tiergarten* NJW 1972, 457; *LG Lüneburg* Rpfleger 1973, 436.

28 *OLG Zweibrücken* JR 1976, 466;: *OLG Hamm* (4. Strafsenat) MDR 1976, 159; *OLG Düsseldorf* (1. Strafsenat) NJW 1977, 308; *OLG Koblenz* MDR 1977, 423; *OLG Zweibrücken* OLGSt. § 57, 125.

29 *Für* eine Restaussetzung haben sich ausgesprochen: *Dreher/Tröndle*, § 57 Rn 2a; *Lackner*, § 57 Anm. *; Schönke/Schröder/Stree*, § 57 Rn 4; *Koffka, LK* (9. Aufl.), § 26 Rn 4; *Preisendanz*, § 57 Anm. 2 c; *Schäfer* in *Löwe/Rosenberg* (23. Aufl.), § 462 a Rn 9; *Wendisch* in *Löwe/Rosenberg* (24. Aufl.), § 462 a Rn 5; *Kleinknecht/Meyer*, § 459 e Rn 5; *Blei*, JA 1972, 309; *Preisendanz*, JR 1976, 466, 467; *Zipf*, JR 1977, 121, 122; *Doller*, NJW 1977, 288; *Dölling*, NStZ 1981, 86; *Weber*, S. 175; *Jescheck*, S. 632; *Maurach/Gössel/Zipf*, S. 521*; Grebing* in *Jescheck/Grebing*, S. 152; *dagegen: Horn, SK*, § 57 Rn 3; *Ruß*, LK, § 57 Rn 4; *Chlosta*, KK, § 459 e Rn 8; *Pohlmann* in *Pohlmann/Jabel*, § 37 Rn 35; *ders.*, Rpfleger 1970, 265, 268 f; *ders.*, Rpfleger 1973, 436; *Wetterich/Hamann*, Rn 331; *Baumann/Weber*, S. 609; *Hinze*, Rpfleger 1976, 422; *Meyer*, JurBüro 1977, 521; *Frank*, NJW 1978, 141.

30 Etwa *Wendisch* in *Löwe/Rosenberg*, § 462 a Rn 5; *Grebing* in *Jescheck/Grebing*, S. 152.

Im folgenden sollen zunächst die die jeweilige Auffassung tragenden Argumente zusammengefaßt und in dem sich anschließenden Hauptteil der Arbeit begründet werden, warum eine Aussetzung des Restes einer Ersatzfreiheitsstrafe nach geltendem Recht nicht möglich ist.

## A. Die Argumentation der Gegner einer Aussetzung des Strafrestes

Zunächst wird von den Meinungen, die eine Anwendung von § 57 I StGB auf Ersatzfreiheitsstrafen nicht für möglich halten, darauf hingewiesen, daß der *Wortlaut* von § 57 I StGB gegen die Möglichkeit einer Restaussetzung von Ersatzfreiheitsstrafen spreche.

Dabei haben das OLG Schleswig und das OLG Oldenburg[31] ihre Auffassung, daß die §§ 56 – 58 StGB nur die Strafaussetzung von primär verhängten Freiheitsstrafen regeln, zunächst damit begründet, daß nach dem allgemeinen Sprachgebrauch zwischen originären Freiheitsstrafen und Ersatzfreiheitsstrafen unterschieden werde.

Da nach § 57 I StGB auch nur *„zeitige" Freiheitsstrafen* ausgesetzt werden könnten, käme eine Restaussetzung von Ersatzfreiheitsstrafen gar nicht in Betracht. Was eine „zeitige" Freiheitsstrafe sei, wird nach Meinung des OLG Oldenburg[32] in § 38 II StGB als eine Strafe definiert, deren Mindestmaß einen Monat und deren Höchstmaß fünfzehn Jahre betrage. Da sich aber das Mindestmaß der Ersatzfreiheitsstrafe nach § 43 StGB bemesse und sogar nur einen Tag betragen könne, folge daraus zwangsläufig – so jedenfalls das OLG Oldenburg[33] –, daß eine Ersatzfreiheitsstrafe nicht unter § 57 I StGB fallen könne.

Das LG Lüneburg[34] hat mit einer anderen Begründung nachzuweisen versucht, daß die Ersatzfreiheitsstrafe nicht als zeitige Freiheitsstrafe iSv. § 57 I StGB angesehen werden könne. Von einer „zeitigen" Freiheitsstrafe könne nur gesprochen werden, wenn der Urteilsspruch auf eine Freiheitsstrafe von einer bestimmten, fest umrissenen Dauer laute. Diese Voraussetzung sei bei der Ersatzfreiheitsstrafe gerade nicht gegeben, da für den Verurteilten jederzeit die Möglichkeit bestehe, die noch zu verbüßenden Tage durch Zahlung der diesen gleichkommenden Beträge zu vermeiden. Einen bestimmten *Rest* einer einheitlichen *zeitigen Freiheitsstrafe* könne es bei der Ersatzfreiheitsstrafe schon gedanklich nicht geben, weil der Urteilsspruch in jedem Fall dahin laute, daß für einen bestimmten Betrag nur ein Tag Freiheitsstrafe fest-

---

31 *OLG Schleswig,* OLGSt. § 57, S. 23; *OLG Oldenburg* JurBüro 1977, 520.

32 *OLG Oldenburg* JurBüro 1977, 520, 521; vgl. auch *Hinze,* Rpfleger 1976, 422, 423 sowie *Frank,* NJW 1978, 141.

33 *OLG Oldenburg* JurBüro 1977, 520, 521.

34 *LG Lüneburg* Rpfleger 1973, 436.

gesetzt werde. Da das geringste freiheitsentziehende Strafmaß aber bereits ein Tag sei, könne es einen Rest hieraus nicht geben[35].

Ganz ähnlich hat auch das OLG Hamm[36] gefolgert, daß sich eine Anwendung von § 57 I StGB auf Ersatzfreiheitsstrafen nicht als *Aussetzung* des Restes einer *Freiheitsstrafe* darstelle. Die Ersatzfreiheitsstrafe werde erst mit ihrer Vollstreckung existent. Soweit sie noch nicht vollstreckt sei, bleibe der noch ausstehende Rest Geldstrafe. Die Umwandlung trete weder mit der Anordnung der Vollstreckung noch mit der Ladung zum Strafantritt noch mit dem Strafantritt selbst ein, sondern jeden Tag neu mit der jeweils durchgeführten Vollstreckung, wobei diese jederzeit während der gesamten Vollstrekkung abwendbar sei. Es handele sich damit nicht um eine Bewährungsaussetzung der Ersatzfreiheitsstrafe, sondern lediglich um den Abbruch ihrer Vollstreckung.

Hier zeigt sich die unterschiedliche Sichtweise der jeweiligen Auffassungen: Während die Befürworter der Möglichkeit einer Restaussetzung betonen, daß die Ersatzfreiheitsstrafe an die Stelle der Geldstrafe trete, hebt die Gegenauffassung hervor, daß der entscheidende Unterschied zwischen der Ersatzfreiheitsstrafe und der primär verhängten Freiheitsstrafe darin bestehe, daß die Verurteilung zur Geldstrafe bestehen bleibe und durch die Vollstreckung der Ersatzfreiheitsstrafe nicht hinfällig werde[37]. Nach Auffassung vieler[38] tritt die Ersatzfreiheitsstrafe lediglich an die Stelle der insoweit erledigten Geldstrafe, wenn und soweit sie verbüßt ist.

Des weiteren wird angeführt, daß die Ersatzfreiheitsstrafe auch nicht als die *„verhängte Strafe"* im Sinne von § 57 I StGB anzusehen sei. Unter Hinweis auf § 26 StGB aF, welcher von einer Verurteilung zu einer *zeitigen Freiheitsstrafe* sprach, hat das OLG Schleswig[39] gefolgert, daß ein Verurteilter, gegen den eine Ersatzfreiheitsstrafe vollstreckt werde, eben nicht zu einer Freiheitsstrafe, sondern zu einer Geldstrafe verurteilt worden sei. Daß die Ersatzfreiheitsstrafe nicht die „verhängte Strafe" im Sinne von § 57 I StGB sei, finde seinen sichtbaren Ausdruck gerade darin, so das Gericht[40], daß die Ersatzfreiheitsstrafe in einem auf Geldstrafe lautenden Urteil nicht mehr besonders erwähnt werde. Nach Einführung des § 43 StGB ergebe sich die Dauer der

---

35 *LG Lüneburg,* a.a.O.; vgl. auch *OLG Hamm* MDR 1977, 422, 423; *OLG Schleswig,* OLGSt. § 57, S. 23 f, sowie *OLG Stuttgart* MDR 1978, 331, 332 zu der Problematik der „tageweisen" Verbüßung.

36 *OLG Hamm* MDR 1977, 422, 423; vgl. auch *Frank,* NJW 1978, 141.

37 Vgl. *Ruß,* LK, § 57 Rn 4.

38 *OLG Schleswig,* OLGSt. § 57, S. 23; *OLG Hamm* MDR 1977, 422, 423; *OLG Stuttgart* MDR 1978, 331, 332; *OLG Düsseldorf* NJW 1980, 250; *LG Lüneburg* Rpfleger 1973, 436

39 *OLG Schleswig,* OLGSt. § 57, S. 23; vgl auch *Hinze,* Rpfleger 1976, 421, 423.

40 In diesem Sinne auch das *KG* GA 1977, 237, 238 und *Hinze,* Rpfleger 1976, 422, 423.

Ersatzfreiheitsstrafe unmittelbar aus dem Gesetz, ohne daß es noch eines gesonderten Ausspruches bedürfe.

Frank[41] folgert aus der Tatsache, daß die Ersatzfreiheitsstrafe nicht „verhängt“, sondern „angeordnet“ werde, wie sich aus § 459 e I StPO entnehmen lasse, daß die Ersatzfreiheitsstrafe nicht als „verhängt“ angesehen werden könne.

Nach dem Wortlaut von § 57 I StGB wird weiterhin die *systematische Stellung* der Vorschrift über eine Strafrestaussetzung zur Begründung herangezogen. Aus der Einordnung des § 26 StGB aF unmittelbar im Anschluß an die Vorschriften über die Freiheitsstrafe und vor den Bestimmungen über die Geldstrafe und die Ersatzfreiheitsstrafe wurde geschlossen, daß sich § 26 StGB aF nicht auf die Ersatzfreiheitsstrafe beziehen könne[42]. Sei eine solche Schlußfolgerung mit der Neufassung des allgemeinen Teils des StGB auch zweifelhaft geworden, so werde aber daraus, daß § 57 StGB in engem Zusammenhang mit Vorschriften stehe, die sich allein auf originäre Freiheitsstrafen bezögen, deutlich, daß Ersatzfreiheitsstrafen nicht mit umfaßt seien[43]. Aus der Neufassung der §§ 459 ff StPO wird darüber hinaus entnommen, daß die Vorschriften über eine Aussetzung der Ersatzfreiheitsstrafe nicht im StGB, sondern in der StPO abschließend geregelt seien[44]. Dabei zeige auch der Aufbau der §§ 449 ff StPO nach Auffassung einiger, daß das Gesetz systematisch zwischen der Aussetzung des Strafrestes (§ 454 StPO) und der Vollstreckung von Geld- und Ersatzfreiheitsstrafe (§§ 459 ff StPO) unterscheide[45].

In diesem Zusammenhang wird auch auf die *Entstehungsgeschichte* der jetzt geltenden gesetzlichen Fassung verwiesen[46]. Der Gesetzgeber habe die Aussetzung der Vollstreckung von Ersatzfreiheitsstrafen zwar in Anlehnung an die für die allgemeine Strafaussetzung zur Bewährung geltenden Bestimmungen, aber eigenständig und im Rahmen des Verfahrensrechtes regeln wollen. Im StGB sei lediglich § 42 StGB verblieben, da diese Vorschrift auch für das Erkenntnisverfahren Bedeutung habe[47]. Alle anderen die Vollstreckung der Geldstrafe und der Ersatzfreiheitsstrafe betreffenden Vorschriften seien zusammenhängend in der StPO angesiedelt worden[48]. Das KG Berlin vertritt

---

[41] *Frank,* NJW 1978, 141, 142.

[42] *AG Berlin-Tiergarten* NJW 1972, 457; *Hinze,* Rpfleger 1976, 422, 423.

[43] *OLG Celle* JR 1977, 121, 122 unter Einbeziehung der Gesetzgebungsgeschichte; *OLG Karlsruhe* Die Justiz 1978, 146, 147.

[44] *OLG Celle* JR 1977, 121, 122; *KG* GA 1977, 237, 238; *OLG Karlsruhe* Die Justiz 1978, 146, 147; *Pohlmann* in *Pohlmann/Jabel,* § 37 Rn 35; *Wetterich/Hamann,* Rn 331, *Chlosta,* KK, § 459 e Rn 8; *Frank,* NJW 1978, 141, 142.

[45] Vgl. *Hinze,* Rpfleger 1976, 422, 423; *Frank,* NJW 1978, 141, 142.

[46] *OLG Celle* JR 1977, 121, 122; *KG* GA 1977, 237, 238; *OLG Karlsruhe* Die Justiz 1978, 146, 147; *Pohlmann,* Rpfleger 1973, 436.

[47] *OLG Celle* JR 1977, 121, 122.

[48] *OLG Celle* JR 1977, 121, 122; *OLG Karlsruhe* Die Justiz 1978, 146, 147.

dabei die Auffassung, das Gesetzgebungsverfahren habe demnach zu einer gegenüber den Vorschriften für die allgemeine Strafaussetzung zur Bewährung nicht nur abweichenden, sondern gänzlich andersartigen Regelung geführt. Nach Ansicht des Gerichtes sei dieses wegen der Wesensverschiedenheit der Ersatzfreiheitsstrafe und der verhängten Freiheitsstrafe geschehen[49].

Diese Wesensverschiedenheit veranlaßt viele zu fragen, ob nach *Sinn und Zweck* eine Strafrestaussetzung überhaupt für die Ersatzfreiheitsstrafen passe. Es werden Bedenken erhoben, ob die nach § 57 I StGB zu erstellende *Sozialprognose* auf einen Täter passe, der eine Ersatzfreiheitsstrafe zu verbüßen habe. Die Ersatzfreiheitsstrafe diene allein der Vollstreckung einer uneinbringlichen Geldstrafe und könne jederzeit durch Zahlung der Restgeldstrafe abgewendet werden[50]. Die für die Anwendung des § 57 StGB wichtige Frage nach dem Verhalten des Verurteilten im Vollzuge und seinem künftigen Verhalten außerhalb des Strafvollzuges passe nicht für einen Täter, der lediglich zu einer Geldstrafe verurteilt sei. Sie sei nur sinnvoll bei Straftätern, für die eine Geldstrafe nicht in Betracht zu ziehen war[51]. Vor allem aber wird angeführt, daß die Sozialprognose weitgehend funktionslos sei, da eine günstige Sozialprognose schon deshalb gestellt werden müsse, weil bereits bei der Verurteilung die Notwendigkeit verneint wurde, mit den Mitteln des Strafvollzuges auf den Täter einzuwirken[52].

Auch findet sich häufig die Meinung, die gemäß § 57 III 1 StGB entsprechend anzuwendenden §§ 56 a ff StGB auf die zur Bewährung ausgesetzte Ersatzfreiheitsstrafe paßten nicht[53]. Eine *Bewährungszeit* von mindestens zwei Jahren wird bei einem häufig sehr geringen Strafrest als unverhältnismäßig lang angesehen[54]. Die Erteilung von *Auflagen* und *Weisungen* komme kaum in Betracht. Insbesondere sei es nicht angängig, eine Auflage des Inhalts zu erteilen, daß dem Verurteilten aufgegeben werde, innerhalb der Bewährungszeit die Geldstrafe zu bezahlen. Die Unzulässigkeit einer derartigen Auflage ergebe sich daraus, daß keine zusätzliche neben die Strafe tretende Maßnahme angeordnet, sondern die Strafe selbst zum Inhalt der Auflage gemacht werde, was aber nicht zulässig sei[55]. Auch wird darauf hingewiesen, daß die Weisung, die Restgeldstrafe zu erarbeiten, unzulässig sei[56].

---

[49] *KG* GA 1977, 237, 238; auf die Wesensverschiedenheiten weisen auch *OLG Stuttgart* MDR 1978, 331, 332; *Pohlmann,* Rpfleger 1970, 265, 268 sowie *Wetterich/Hamann,* Rn 331 hin.

[50] Vgl. *Hinze,* Rpfleger 1976, 422, 423; ferner *AG Berlin-Tiergarten* NJW 1972, 457.

[51] *OLG Schleswig,* OLGSt. § 57, S. 23; *Hinze,* Rpfleger 1976, 422, 423; *Wetterich/Hamann,* Rn 331.

[52] *KG* GA 1977, 237, 239; *OLG Karlsruhe* Die Justiz 1978, 146, 147; *Horn,* SK, § 57 Rn 3; *Frank,* NJW 1978, 141, 142

[53] *KG* GA 1977, 237, 239; *Ruß,* LK, § 57 Rn 4; *Horn,* SK, § 57 Rn 3; *Hinze,* Rpfleger 1976, 422, 423 f.

[54] *Hinze,* Rpfleger 1976, 422, 424.

In diesem Zusammenhang wird auch gefragt, welches *Schicksal* die (Rest-) *Geldstrafe* während und nach Ablauf der Bewährungszeit erleiden soll. Es sei unklar, ob bei einer Aussetzung der Strafe *während der Bewährungszeit* die Geldstrafe noch bestehen bleibe. Sollte dies der Fall sein, so stelle sich die Frage, ob der Geldstrafenschuldner die dann noch ausstehende Geldstrafe bezahlen müsse. Des weiteren sei zu fragen, ob er die ausstehende Geldstrafe überhaupt noch bezahlen dürfe, was zur Folge hätte, daß die Bewährungszeit hinfällig werde. Sollten Zahlungen weiterhin möglich sein, ergebe sich für den Verurteilten die Möglichkeit für den Fall, daß ein Widerruf der Bewährungsaussetzung drohe, durch Zahlung der Geldstrafe diesen abzuwenden, eine Möglichkeit, die nicht zu dem Grundgedanken des Rechtsinstitutes des § 57 StGB passe, das eine Bewährung des Verurteilten voraussetze[57]. Ebenso zweifelhaft sei es, ob während des Laufes der Bewährungszeit die ausstehende Geldstrafe beigetrieben werden dürfe.

Weitere ungelöste Probleme ergäben sich *mit dem Ablauf der Bewährungszeit*. Dann müßte die Ersatzfreiheitsstrafe erlassen werden. Ungeklärt sei aber das Schicksal der Geldstrafe. Werde auch die Geldstrafe erlassen, führte dies faktisch zu einer Restaussetzung der Geldstrafe, die aber dem geltendem Recht fremd ist[58]. Außerdem würde dann nicht mehr die in zweiter Linie verhängte Ersatzfreiheitsstrafe das Schicksal der in erster Linie verhängten Geldstrafe teilen, vielmehr wäre der Fortbestand der Ersatzfreiheitsstrafe für den der Geldstrafe maßgebend[59]. Dafür, daß die Geldstrafe auch nach Ablauf der Bewährungszeit weiterhin bestehen bleibe, wird angeführt, daß ein Verurteilter, der die Geldstrafe in geringen Raten über einen längeren Zeitraum zahlt, erheblich schlechter gestellt wäre, da er die Geldstrafe in voller Höhe zahlen müsse[60]. Bleibe aber die Geldstrafe bestehen, sei eine Geldstrafe ohne eine dahinterstehende Ersatzfreiheitsstrafe vorhanden, die nach Ablauf der Bewährungszeit erlassen werden müßte. Dieses wird als eine systemwidrige Konstruktion angesehen[61]. Aus all diesen mit einer Restaussetzung der Ersatzfreiheitsstrafe verbundenen Problemen werde deutlich, daß der Gesetzgeber durch die Vorschrift des § 57 StGB nur die Aussetzung einer von vorn-

---

55 *OLG Hamm* MDR 1977, 422, 423; *OLG Karlsruhe* Die Justiz 1978, 146, 147; *AG Berlin-Tiergarten* NJW 1972, 457; *Horn*, SK, § 57 Rn 3; *Hinze*, Rpfleger 1976, 422, 424.

56 *Horn*, SK, § 57 Rn 3.

57 *OLG Stuttgart* MDR 1978, 331, 332; *Wetterich/Hamann*, Rn 331; *Chlosta*, KK, § 459 e Rn 8; *Hinze*, Rpfleger 1976, 422, 423.

58 Vgl. *OLG Schleswig*, OLGSt. § 57, S. 23; *OLG hamm* MDR 1977, 422, 423; *OLG Oldenburg* JurBüro 12977, 520, 521; *AG Berlin-Tiergarten* NJW 1972, 457.

59 *OLG Schleswig*, OLGSt. § 57, S. 23; *OLG Oldenburg* JurBüro 1977, 520, 521; *AG Berlin-Tiergarten* NJW 1972, 457.

60 Vgl. *OLG Stuttgart* MDR 1978, 422, 423; *Hinze*, Rpfleger 1976, 422, 423, der auch die Frage nach den Verfahrenskosten aufwirft.

61 Vgl. *OLG Schleswig*, OLGSt. § 57, S. 23, 24; *OLG Düsseldorf* NJW 1980, 250, 251; *AG Berlin-Tiergarten* NJW 1972, 457.

herein verhängten zeitigen Freiheitsstrafe, nicht aber die Aussetzung einer Ersatzfreiheitsstrafe habe regeln wollen oder geregelt hat[62]. Versuche, bei den genannten Problemen zu Lösungen zu kommen, fänden keine ausreichende Grundlage im Gesetz. Es sei Aufgabe des Gesetzgebers und nicht der Gerichte, diese offenen Fragen zu regeln.

Überhaupt wird für eine Anwendung von § 57 I StGB auf Ersatzfreiheitsstrafen kein *Bedürfnis* gesehen, weil das geltende Recht eine Reihe von Möglichkeiten vorsehe, die weitere Vollstreckung der Ersatzfreiheitsstrafe abzubrechen, die im Ergebnis der Strafrestaussetzung zumindest nahekommen[63]. Zunächst wird darauf hingewiesen, daß derjenige, der eine Ersatzfreiheitsstrafe zu verbüßen hat, es im Hinblick auf die Bestimmungen der §§ 42 StGB, 459 a und 459 f StPO weitgehend selbst in der Hand habe, es gar nicht erst zu einer Strafverbüßung kommen zu lassen. Sollte er tatsächlich zahlungsunfähig sein, läge es an ihm, der Vollstreckungsbehörde geeignete Unterlagen für die Bewilligung von Zahlungserleichterungen oder für eine richterliche Anordnung zu liefern, wonach die Vollstreckung der Ersatzfreiheitsstrafe zu unterbleiben habe. Im Grundsatz soll die Ersatzfreiheitsstrafe nur vollstreckt werden, wenn der Verurteilte zwar zahlungsfähig, aber nicht zahlungswillig sei[64]. Da die oben genannten Maßnahmen auch noch nach Beginn der Vollstreckung zulässig seien, kämen sie in ihrer praktischen Auswirkung einer bedingten Entlassung nach § 57 StGB zumindest nahe. Auch setzten diese nicht einmal voraus, daß zwei Drittel der Ersatzfreiheitsstrafe verbüßt sind[65]. Im Hinblick darauf, daß in der Praxis selten von der Möglichkeit Gebrauch gemacht wird, gemäß § 459 f StPO von der Vollstreckung abzusehen, wird gefordert, hier eine großzügigere Handhabung zu praktizieren. Dies werde nicht unbedingt die Effektivität der Geldstrafen beeinträchtigen[66]. Bei einer sinnvollen Handhabung der Vorschrift bestehe kein zwingendes Bedürfnis für die systemwidrige Anwendung des § 57 StGB[67].

---

[62] Vgl. *OLG Schleswig,* OLGSt. § 57, S. 23, 24; *KG* GA 1977, 237, 239; *OLG Oldenburg* JurBüro 1977, 520, 521; *OLG Stuttgart* MDR 1978, 331, 332; *OLG Düsseldorf* NJW 1980, 250, 251; *OLG Köln,* OLGSt. § 57, S. 14; *LG Lüneburg* Rpfleger 1973, 436; *AG Berlin-Tiergarten* NJW 1972, 457; *Horn,* SK, § 57 Rn 3; *Ruß,* LK, § 57 Rn 4; *Frank,* NJW 1978, 141, 142; *Wetterich/Hamann,* Rn 331.

[63] *OLG Schleswig,* OLGSt. § 57, S. 23, 24; *OLG Celle* JR 1977, 121, 122; *OLG Stuttgart* MDR 1978, 331, 332; *OLG Karlsruhe* Die Justiz 1978, 146, 148; *OLG Düsseldorf* NJW 1980, 250; *LG Lüneburg* Rpfleger 1973, 436; *Horn,* SK, § 57 Rn 3; *Chlosta,* KK, § 459 e Rn 8; *Wetterich/Hamann,* Rn 331; *Pohlmann* in *Pohlmann-Jabel,* § 37 Rn 35; *Pohlmann,* Rpfleger 1970, 265, 269; *Hinze,* Rpfleger 1976, 422, 424; *Frank,* NJW 1978, 141, 143.

[64] So *OLG Celle* JR 1977, 121, 122 unter Hinweis auf das Gesetzgebungsverfahren.

[65] Hierauf weisen insbesondere das *OLG Celle* JR 1977, 121, 122 sowie das *OLG Stuttgart* MDR 1978, 331, 332 hin; ferner *OLG Karlsruhe* Die Justiz 1978, 146, 149 sowie *Pohlmann* in *Pohlmann/Jabel,* § 37 Rn 35.

[66] So *Chlosta,* KK, § 459 e Rn 4; *Frank,* NJW 1978, 141, 142 ist ferner der Auffassung, daß auch das Beitreibungsverfahren noch wesentlich verbessert werden könnte; so auch *OLG Düsseldorf* NJW 1980, 250, 251.

Schließlich wird auch unter dem Gleichbehandlungsaspekt darauf hingewiesen, daß eine Anwendung von § 57 StGB die zahlungswilligen Verurteilen, die ihre Strafe voll zahlen müßten, gegenüber den Zahlungsunwilligen benachteilige, die es auf die Verbüßung der Ersatzfreiheitsstrafe ankommen ließen und da u.U. bereits nach zwei Dritteln der Strafzeit bedingt entlassen würden[68]. Bei der Möglichkeit einer Restaussetzung von Ersatzfreiheitsstrafen seien Auswirkungen auf die Zahlungswilligkeit der Geldstrafenschuldner zu befürchten, da eine Reihe von Geldstrafenschuldnern verleitet werden könnten, auf die Bezahlung der Geldstrafe zu verzichten und dafür lieber die Ersatzfreiheitsstrafe hinzunehmen[69].

Aus all diesen Gründen wird eine Gleichbehandlung von Ersatzfreiheitsstrafe und originärer Freiheitsstrafe bei der Frage einer Strafrestaussetzung nicht befürwortet, im Ergebnis sogar als ungerecht empfunden.

## B. Die Argumentation der Befürworter einer Aussetzung des Strafrestes

Demgegenüber meinen die Befürworter der Möglichkeit einer Strafrestaussetzung auch bei Ersatzfreiheitsstrafen, daß es einen (eklatanten[70]) Verstoß gegen den Gleichheitssatz bedeute, wenn eine Strafrestaussetzung bei Ersatzfreiheitsstrafen nicht möglich wäre. Derjenige, der eine Ersatzfreiheitsstrafe zu verbüßen habe, würde gegenüber demjenigen, der von vornherein – wegen schwerer Schuld – zu einer Freiheitsstrafe verurteilt worden ist, wesentlich schlechter gestellt, ohne daß dies sachlich begründet sei[71]. Gewisse dogmatische oder systematische Bedenken müßten völlig zurücktreten[72].

Dabei wird zunächst die Auffassung vertreten, daß eine Anwendung von § 57 I StGB auf Ersatzfreiheitsstrafen nicht im Widerspruch zum *Wortlaut* des § 57 I StGB stehe. Es wird darauf hingewiesen, daß die Ersatzfreiheitsstrafe eine *„echte Freiheitsstrafe"* sei und nicht lediglich die Beitreibung der Geldstrafe in besonderer Form[73]. Mit der Vollstreckung der Ersatzfreiheitsstrafe

---

[67] So *Baumann/Weber,* S. 609.

[68] *OLG Hamm* MDR 1977, 422, 423; *OLG Stuttgart* MDR 1978, 331, 332; *OLG Karlsruhe* Die Justiz 1978, 146, 147; *Horn,* SK, § 57 Rn 3; *Hinze,* Rpfleger 1976, 422, 423.

[69] *OLG Karlsruhe* Die Justiz 1978, 146, 147.

[70] So *Blei,* JA 1972, 309.

[71] Vgl. *OLG Zweibrücken* JR 1976, 466, 467; *OLG Düsseldorf NJW 1977, 308; OLG Koblenz* MDR 1988, 423, 424; *OLG Zweibrücken,* OLGSt. § 57, S. 125; *Dreher/Tröndle,* § 57 Rn 2 a; *Schönke/Schröder/Stree,* § 57 Rn 4; *Blei,* JA 1972, 309; *Preisendanz,* JR 1976, 466, 468; *Doller,* NJW 1977, 288; *Zipf,* JR 1977, 121, 123; *Weber,* S. 185.

[72] *OLG Zweibrücken,* OLGSt. § 57, S. 125.

[73] *OLG Zweibrücken* JR 1976, 466, 467; *OLG Koblenz* MDR 1977, 423; *OLG Düsseldorf* NJW 1977, 308; *Wendisch* in *Löwe/Rosenberg,* § 462 a Rn 5; *Preisendanz,* JR 1976, 466, 468; *Weber,* S. 182.

trete nicht nur eine tatsächliche, sondern auch eine rechtliche Umwandlung der Geldstrafe in eine (Ersatz-)Freiheitsstrafe ein[74]. Hierfür spreche auch, daß für die Ersatzfreiheitsstrafe, wie sich aus § 50 StVollstrO ergebe, dieselben vollstreckungs- und vollzugsrechtlichen Bestimmungen wie für die Vollstreckung der originären Freiheitsstrafe gelten[75].

Die Ersatzfreiheitsstrafe könne auch ohne weiteres als *„zeitige Freiheitsstrafe"* im Sinne von § 57 I StGB angesehen werden. Unter Hinweis auf § 38 I StGB wird dabei die Auffassung[76] vertreten, durch die Formulierung „zeitige Freiheitsstrafe" in § 57 I StGB sollte nur die Strafrestaussetzung einer lebenslangen Freiheitsstrafe ausgeschlossen werden. Auch wenn § 38 II StGB nicht für die Ersatzfreiheitsstrafe gelte, so hindere dies doch nicht, die Ersatzfreiheitsstrafe neben der primären Freiheitsstrafe als Unterfall der zeitigen Freiheitsstrafe anzusehen[77].

Gegen die Auffassung des OLG Schleswig zu § 26 StGB aF, eine Strafrestaussetzung komme nur in Betracht, wenn der Verurteilte auch zu einer Freiheitsstrafe *verurteilt* worden sei, wird eingewandt, daß diese Meinung im Gesetz keine ausreichende Stütze mehr finde, weil das Gesetz lediglich von der Aussetzung der Vollstreckung einer zeitigen Freiheitsstrafe spreche. Entscheidend sei allein, daß sich eine Freiheitsstrafe in der Vollstreckung befinde, was bei der Ersatzfreiheitsstrafe der Fall sei. Auch müsse es als ausgesprochen formalistisch angesehen werden, wenn man, wie das OLG Hamm, meine, die Ersatzfreiheitsstrafe werde erst mit ihrer Vollstreckung existent, und, soweit noch nicht vollstreckt, bleibe der ausstehende Rest Geldstrafe[78]. Für denjenigen, der keine Chance habe, die Geldstrafe zu entrichten und demzufolge die Ersatzfreiheitsstrafe verbüße, müsse diese Konstruktion unverständlich bleiben[79]. Derjenige, der eine Ersatzfreiheitsstrafe zu verbüßen habe, befinde sich in der gleichen Situation wie derjenige, gegen den von vornherein eine Freiheitsstrafe verhängt worden sei.

Als *„verhängte Strafe"* im Sinne von § 57 I StGB wird dabei grundsätzlich die Strafe angesehen, die der Verurteilte bei Anordnung der Ersatzfreiheitsstrafe bzw. bei Strafantritt zu verbüßen hat. Die Meinungen gehen aber darüber auseinander, wie sich nachträglich bewirkte Teilleistungen auf die Geldstrafe auf die Berechnung des Zweidrittel-Zeitpunktes auswirken. Während zunächst Einigkeit dahingehend besteht, daß es auf die primär verhängte Freiheitsstrafe nicht ankommen könne, wird von Tröndle[80] vertreten, daß die bei

---

[74] *Doller,* NJW 1977, 288.
[75] *Dölling,* NStZ 1981, 86, 87.
[76] *Dölling,* NStZ 1981, 86, 87.
[77] *Dölling,* NStZ 1981, 86, 87.
[78] *Weber,* S. 183.
[79] *Weber,* S. 183.
[80] *Dreher/Tröndle,* § 57 Rn 2 a.

Strafantritt ausstehende Strafe maßgebend sei, daß aber dann, wenn der Verurteilte während des Vollzuges der Ersatzfreiheitsstrafe Teilbeträge bezahlt, es auf die ursprüngliche Strafe ankomme. Überwiegend wird aber angenommen, daß sich die Ersatzfreiheitsstrafe durch Zahlungen verkürze, was auch Einfluß auf den Zweidrittel-Zeitpunkt habe. Als „verhängte Strafe“ wird damit die Strafe angesehen, die der Verurteilte zu einem gegebenen Zeitpunkt tatsächlich noch zu verbüßen hat[81].

Daß nicht nur die im Urteil ausgesprochene Freiheitsstrafe für eine Aussetzung des Strafrestes in Betracht komme, hat das OLG Koblenz[82] damit zu begründen versucht, daß auch Freiheitsstrafen, die aufgrund eines Gesamtstrafenbeschlusses bestehen, ausgesetzt werden könnten. Entscheidend und ausreichend sei es, wenn eine Freiheitsstrafe vollstreckt werde, was bei der Ersatzfreiheitsstrafe der Fall sei. Eine besondere Bedeutung komme dem Merkmal „verhängte Strafe“ nicht zu.

Auch wird gemeint[83], daß aus der *systematischen Stellung* der Vorschriften über die Strafrestaussetzung zumindest nach der Neufassung von § 57 I StGB keine Schlüsse mehr gezogen werden könnten. Sei dieses unter der Geltung des § 26 StGB aF noch zweifelhaft gewesen, so sei eine solche Deutung dadurch hinfällig geworden, daß § 57 I StGB in dem Abschnitt „Strafaussetzung zur Bewährung“ nach den Regelungen über die Strafarten eingeordnet worden sei.

Ferner wird es als unzulässig angesehen, aus dem *Gesetzgebungsverfahren* Rückschlüsse auf den Willen des Gesetzgebers zu ziehen[84]. Gegenstand der Erörterungen im Gesetzgebungsverfahren sei nur die Frage nach einer Aussetzungsmöglichkeit der Ersatzfreiheitsstrafe bei unverschuldeter Zahlungsunfähigkeit gewesen. Mangels eindeutiger Äußerungen sei auch nicht unbedingt davon auszugehen, daß die §§ 459 ff StPO eine abschließende Sonderregelung darstellen sollten. Es bestünde sehr wohl die Möglichkeit, daß die Frage nach einer Strafrestaussetzung der Ersatzfreiheitsstrafe gar nicht bedacht worden sei[85].

Was den Sinn und Zweck einer Strafrestaussetzung anbelangt, so wird gesehen, daß bei einem nur zwei Monate dauernden Strafvollzug nur schwerlich eine *Prognose* für das künftige Täterverhalten gestellt werden könne[86], und daß die Prognose in aller Regel auch günstig sein müsse, da der Richter durch

[81] *Lackner,* § 57 Anm. 2 a; *Preisendanz,* § 57 Anm. 2 c; *ders.,* JR 1976, 466, 468; *Zipf,* JR 1977, 121, 123 mit Berechnungsbeispielen.

[82] *OLG Koblenz* MDR 1977, 423.

[83] *OLG Zweibrücken* JR 1976, 466, 467; *OLG Düsseldorf* NJW 1977, 308; *Weber,* S. 182.

[84] *OLG Zweibrücken* JR 1976, 466, 467; *Dölling,* NStZ 1981, 86, 87 f; *Weber,* S. 186.

[85] *Dölling,* NStZ 1981, 86, 87 f.

[86] *Weber,* S. 183.

die Verhängung einer Geldstrafe zum Ausdruck gebracht habe, daß es zu einer Einwirkung auf den Täter einer Freiheitsstrafe nicht bedürfe[87]. Es wird aber darauf hingewiesen, daß auch bei den Tätern, die unmittelbar zu einer kurzfristigen Freiheitsstrafe verurteilt worden sind und die Strafe zu verbüßen haben, eine Prognose erstellt werden müsse[88]. Darüber hinaus befänden sich unter den in erster Linie zu einer Freiheitsstrafe Verurteilten Personen mit einer von vornherein günstigen Prognose, nämlich die Täter, gegen die allein wegen der Schwere der Schuld oder zur Verteidigung der Rechtsordnung Freiheitsstrafe verhängt worden sei. Es sei von daher nicht ungewöhnlich, daß sich prognostisch günstig beurteilte Täter im Strafvollzug befänden, auf die § 57 I StGB auch Anwendung findet. Es unterliege darum auch keinen Bedenken, die Ersatzfreiheitsstrafenverbüßer ebenfalls in den Anwendungsbereich der Vorschrift mit einzubeziehen[89]. Dabei wird nicht übersehen, daß alle die Personen, die weniger als zwei Monate Ersatzfreiheitsstrafe zu verbüßen haben, von der Regelung des § 57 I StGB ausgeschlossen sind. Die darin liegende Härte treffe aber auch – so wird argumentiert – die Personen, die eine Freiheitsstrafe von zwei Monaten oder weniger zu verbüßen haben[90].

Dem Argument, es sei zweifelhaft, ob die an sich verhängte Geldstrafe im Wege der Aussetzung zu einer Sanktion mit einem umfassenden Resozialisierungscharakter umgewandelt werden dürfe, wird entgegengehalten, daß sich aus den mit dem Vollzug kurzfristiger Freiheitsstrafen verbundenen Gefahren eine Rechtfertigung ergebe, durch Anordnungen nach §§ 56 c und d StGB dem Verurteilten zu helfen, keine Straftaten mehr zu begehen. Insofern seien die sich aus dem § 57 III 1 in Verbindung mit den §§ 56 a ff StGB ergebenden Möglichkeiten zur Ausgestaltung der Strafrestaussetzung sinnvoll[91].

Eine *Bewährungszeit* von mindestens zwei Jahren wird dabei als nicht zu hoch angesehen, da sie auch für primär verhängte kurzfristige Freiheitsstrafen gelte[92]. Für nicht erheblich wird gehalten, daß die Erteilung von *Auflagen* kaum praktisch werden dürfte, da man auf die Erteilung von Auflagen und Weisungen verzichten könne. Es wird auch darauf hingewiesen, daß Auflagen und Weisungen in der Praxis sowieso nicht allzu häufig bei einer Strafrestaussetzung anzutreffen seien. Überwiegend wird ferner die Auffassung vertreten, daß eine Auflage, die Geldstrafe zu bezahlen, nicht zulässig sei[93]. Ebenso sei es auch nicht zulässig, dem Verurteilten die Zahlung einer Geldbuße an die Staatskasse aufzuerlegen, da die Vollstreckungsbehörde berechtigt und unter

[87] *Dölling,* NStZ 1981, 86, 88 f.
[88] *Weber,* S. 183.
[89] *Dölling,* NStZ 1981, 86, 89.
[90] *OLG Zweibrücken* JR 1976, 466, 467; *Dölling,* NStZ 1981, 86, 89.
[91] *Dölling,* NStZ 1981, 86, 89.
[92] *Dölling,* NStZ 1981, 86, 89.
[93] *OLG Zweibrücken,* OLGSt. § 57, S. 125, 126 f; *Dreher/Tröndle,* § 57 Rn 2 a; *Zipf,* JR 1977, 121, 123; *Dölling,* NStZ 81, 86, 89.

Umständen sogar verpflichtet sei, die restliche Geldstrafe bei dem Verurteilten beizutreiben. Dies könne aber, wenn der Verurteilte die Geldbuße bezahlt habe, zu einer ungerechtfertigten Doppelzahlung führen[94]. Abweichend hiervon vertritt Preisendanz[95] die Auffassung, es sei zulässig, dem Verurteilten aufzugeben, in der Bewährungszeit die Geldstrafe zu bezahlen. Er begründet dies damit, daß ähnlich wie bei der Auflage der Schadenswiedergutmachung nur das verlangt werde, was der Verurteilte ohnehin zu leisten habe[96]. Ganz überwiegend wird aber eine solche Auflage für nicht zulässig erachtet.

Die Probleme, die sich bezüglich des *Schicksals der Geldstrafe* bei einer Restaussetzung der Ersatzfreiheitsstrafe ergeben, werden gesehen aber nach geltendem Recht als lösbar erachtet.

Unter Hinweis auf § 459 e IV StPO wird allgemein die Auffassung vertreten, die Geldstrafe bleibe *in der Bewährungszeit* bestehen, was auch wegen der möglichen Nichtbewährung notwendig sei[97]. Der Verurteilte könne auch noch nach der Bewährungsaussetzung die Geldstrafe bezahlen, wobei hingenommen werden müsse, daß dadurch die Bewährungsaussetzung entfalle, und der Verurteilte zudem einen drohenden Widerruf der Strafaussetzung vermeiden könne. Zu einer Zahlung der Geldstrafe in der Bewährungszeit sei er allerdings nicht verpflichtet.

Unterschiedlich wird die Frage beantwortet, ob die Geldstrafe in der Bewährungszeit noch beigetrieben werden darf: Zipf und Dreher[98] verneinen die Möglichkeit einer zwangsweisen Durchsetzung der Geldstrafe mit der Begründung, die vorzeitige Entlassung stelle zusammen mit der verbüßten Ersatzfreiheitsstrafe einen ausgewogenen Ausgleich gegenüber der Zahlung der gesamten Geldstrafe dar. Auch sei die Beitreibung der Geldstrafe unvereinbar mit der durch die Aussetzung des Strafrestes eingeräumten Bewährungschance, zumal wenn dafür Auflagen und Weisungen angeordnet seien. Es sei auch widersprüchlich – so wird argumentiert –, nach erfolgreichem Ablauf der Bewährungszeit einen Straferlaß zu bejahen, während der Bewährungszeit selbst aber durch die Beitreibung noch zu versuchen, diesen Effekt dem Verurteilten nicht zugute kommen zu lassen[99]. Grebing rechtfertigt die Nichtbeitreibbarkeit der Geldstrafe damit, daß er meint, man solle konse-

---

[94] *OLG Zweibrücken,* OLGSt. § 57, S. 125, 127.

[95] *Preisendanz,* JR 1976, 466, 468 f; *ders.,* § 57 Anm. 2 c; auch *Grebing* in *Jescheck/Grebing,* S. 153 hält eine Geldauflage ausnahmsweise für zulässig, wenn der Eindruck besteht, der Verurteilte wolle die Geldstrafe umgehen.

[96] *Preisendanz,* JR 1976, 466, 469.

[97] *OLG Zweibrücken* JR 1976, 466, 467; *OLG Zweibrücken,* OLGSt. § 57, S. 125, 126; *Schönke/Schröder/Stree,* § 57 Rn 4; *Preisendanz,* § 57 Anm. 2 c; *ders.,* JR 1976, 466, 469; *Blei,* JA 1972, 309 f; *Zipf,* JR 1977, 121, 123; *Dölling,* NStZ 1981, 86, 88; *Weber,* S. 186.

[98] *Zipf,* JR 1977, 121, 123; *Dreher/Tröndle,* § 57 Rn 2 a; so im Ergebnis auch *Maurach/Gössel/Zipf,* S. 522.

[99] *Zipf,* JR 1977, 121, 123.

quent die voll an die Stelle der Geldstrafe getretene Ersatzfreiheitsstrafe und ihre spezialpräventive Gestaltung durchführen. Der Täter sei – wenn eine Beitreibung noch zulässig sei – härter bestraft als im Falle sofortiger Freiheitsstrafenverhängung[100].

Überwiegend[101] wird jedoch unter Bezugnahme auf § 459 e IV StPO angenommen, daß in der Bewährungszeit auch eine Beitreibung der Geldstrafe in Betracht komme, da es keinen Unterschied mache, ob der Verurteilte sich im Vollzug befinde, oder ob ein Strafrest zur Bewährung ausgesetzt wurde. Die Strafaussetzung sei das Surrogat für die Verbüßung der Ersatzfreiheitsstrafe[102]. Es wird aber darauf hingewiesen, daß sich in der Praxis das Problem kaum stelle, da wegen der anzunehmenden schlechten wirtschaftlichen Situation der Ersatzfreiheitsstrafenverbüßer Beitreibungsversuche fruchtlos bleiben dürften[103]. Stree[104] meint, die Vollstreckung der Geldstrafe sei zwar in der Bewährungszeit zulässig, schlägt jedoch vor, entsprechend § 459 d I Nr. 1 StPO ihr Unterbleiben anzuordnen.

Letztlich besteht im Ergebnis wohl auch Einigkeit[105] darüber, daß *nach Ablauf der Bewährungszeit* eine Beitreibung der Geldstrafe nicht mehr möglich ist. Bei einem positiven Verlauf der Bewährungszeit sei mit deren Ablauf die Ersatzfreiheitsstrafe zu erlassen. Die Geldstrafe finde mit dem Erlaß der Ersatzfreiheitsstrafe ihre Erledigung. Dies wird damit begründet, daß der Erlaß einer Strafe in seinen Rechtsfolgen der Verbüßung grundsätzlich gleichstehe; der staatliche Strafanspruch sei erloschen. Diese Rechtsfolge dürfe sich aber nicht nur auf die Ersatzfreiheitsstrafe beschränken, sondern müsse sich auch auf die Geldstrafe erstrecken. Ebenso wie bei einer Vollverbüßung der Ersatzfreiheitsstrafe trete auch bei einem Erlaß der Ersatzfreiheitsstrafe, nach einer Strafaussetzung, eine Erledigung der Geldstrafe ein[106]. Dieses Ergebnis wird als kriminalpolitisch tragbar angesehen[107]. Einer – dem StGB fremden – Aussetzung des Strafrestes der Geldstrafe komme dies schon deshalb nicht gleich, weil der Verurteilte vorher einen Teil der Ersatzfreiheitsstrafe verbüßt

100 *Grebing* in *Jescheck/Grebing,* S. 153.

101 *OLG Zweibrücken* JR 1977, 466, 467; *OLG Koblenz* MDR 1977, 423, 424; *OLG Zweibrücken,* OLGSt. § 57, S. 125, 127; *Schönke/Schröder/Stree,* § 57 Rn 4; *Blei,* JA 1972, 309 f; *Preisendanz,* JR 1976, 466, 469; *Dölling,* NStZ 1981, 86, 88; *Weber,* S. 186.

102 *Dölling,* NStZ 1981, 86, 88.

103 Hierauf weist das *OLG Zweibrücken* JR 1976, 466, 467 hin.

104 In *Schönke/Schröder,* § 57 Rn 4.

105 Offengelassen ist die Frage allerdings noch vom *OLG Zweibrücken* JR 1976, 466, 467; das Gericht tendierte aber auch dahin, eine Beitreibung der Geldstrafe nach Ablauf der Bewährungszeit nicht mehr zuzulassen; offengelassen ferner von *Doller,* NJW 1977, 288.

106 *OLG Koblenz* MDR 1977, 423, 424; *Schönke/Schröder/Stree,* § 57 Rn 4; *Kleinknecht/Meyer,* § 459 e Rn 5; *Blei,* JA 1972, 309, 310; *Preisendanz,* JR 1976, 466, 467; *Zipf,* JR 1977, 121, 124; *Dölling,* NStZ 1981, 86, 88; *Weber,* S. 186; *Maurach/Gössel/Zipf,* S. 522.

107 *Blei,* JA 1972, 309, 310; ebenso *OLG Zweibrücken* JR 1976, 466, 467.

haben müsse[108]. Weber[109] weist im übrigen darauf hin, daß derjenige, der eine Ersatzfreiheitsstrafe verbüßt habe, ein härteres Übel erlitten habe, als ihm ursprünglich zugedacht worden sei. Aus diesem Grunde trete auch keine unberechtigte Bevorzugung gegenüber demjenigen ein, der die Geldstrafe voll bezahlt habe, wenn sich die Geldstrafe erledige. Die Probleme, die mit einer Restaussetzung der Ersatzfreiheitsstrafe das Schicksal der Geldstrafe betreffen, werden mithin als lösbar angesehen.

Anders als von der Gegenauffassung vertreten, wird von den Befürwortern einer Restaussetzung auch ein *Bedürfnis* nach einer Anwendung von § 57 I StGB gesehen[110]. Käme eine Restaussetzung nach § 57 I StGB nicht in Betracht, stünde der eine Ersatzfreiheitsstrafe Verbüßende wesentlich schlechter da als derjenige, gegen den von vornherein eine Freiheitsstrafe verhängt wurde.

Es wird in der Praxis für wenig bedeutsam gehalten, daß der Geldstrafenschuldner nach Strafantritt noch die Geldstrafe zahlen könnte, da dem Geldstrafenschuldner solches nur selten möglich sein werde[111]. Entsprechend wird auch in der Bewilligung von Ratenzahlungen, die eine Anwendung von § 57 I StGB entbehrlich machte, keine praktische Möglichkeit gesehen[112].

Übereinstimmend wird ferner davon ausgegangen, daß § 459 f StGB keinen Ersatz für § 57 I StGB darstellen könne, da das Absehen von der Vollstreckung einer Ersatzfreiheitsstrafe an ganz andere Voraussetzungen geknüpft sei als die Aussetzung des Strafrestes nach § 57 I StGB[113]. Dabei wird darauf hingewiesen, daß nach der Rechtsprechung des BGH eine Ersatzfreiheitsstrafe grundsätzlich auch bei unverschuldeter Uneinbringlichkeit eintrete, daß also der Anwendungsbereich von § 459 f StPO sehr begrenzt sei[114]. Die Vorschrift des § 459 f StPO sei schon aus dem Grunde eng auszulegen, um eine über die Härteklausel mögliche Aufweichung der Vollstreckung von Ersatzfreiheitsstrafen zu vermeiden, da sich dies nachhaltig auf die Zahlungsmoral der zu Geldstrafe Verurteilten auswirken könnte. § 459 f StPO sollte deshalb auf die Fälle unverschuldeter Zahlungsunfähigkeit beschränkt bleiben[115].

---

108 So *OLG Zweibrücken* JR 1976, 466. 467.

109 *Weber,* S. 186.

110 *OLG Zweibrücken* JR 1976, 466, 467; *OLG Düsseldorf* NJW 1977, 308; *OLG Koblenz* MDR 1977, 423, 424; *Blei,* JA 1972, 309 f; *Preisendanz,* JR 1976, 466, 468; *Zipf,* JR 1977, 121, 122 f; *Doller*; NJW 1977, 288; *Dölling,* NStZ 1981, 86, 89; *Weber,* S, 186 f.

111 *OLG Zweibrücken* JR 1976, 466, 467; *OLG Düsseldorf* NJW 1977, 308; *OLG Koblenz* MDR 1977, 423, 424.

112 *OLG Koblenz* MDR 1977, 423, 424.

113 Vgl. etwa *OLG Zweibrücken* JR 1976, 466, 467; *Zipf,* JR 1977, 121, 122.

114 *Weber,* S. 187; *Dölling,* NStZ 1981, 86, 89.

115 *Zipf,* JR 1977, 121, 123.

Zur Vermeidung einer sachlich nicht gerechtfertigten Schlechterstellung der Ersatzfreiheitsstrafenverbüßer gegenüber denjenigen, die von vornherein zu einer Freiheitsstrafe verurteilt worden sind, wird eine – zumindest analoge[116] – Anwendung von § 57 I StGB als geboten angesehen[117]. Da die Aussetzung der Reststrafe auch nur die „Ebene" der Ersatzfreiheitsstrafe betreffe, liege auch keine dem Gesetz fremde Aussetzung der Geldstrafe vor[118]. Von einer ungerechtfertigten Benachteiligung derjenigen, die ihre Geldstrafe voll abzuzahlen haben, könne nicht gesprochen werden, da der Verurteilte mindestens eine zweijährige Bewährungszeit durchzustehen habe[119].

Eine Strafrestaussetzung nach § 57 I StGB wird schließlich auch deshalb für kriminalpolitisch wünschenswert gehalten, da so der vielfach als ungerecht empfundene Umrechnungsschlüssel des § 43 StGB im Ergebnis abgemildert werden könnte, und die Vollzugsanstalten beim Vollzug der meist kurzen Ersatzfreiheitsstrafen etwas entlastet wären[120].

---

116 *Dölling,* NStZ 1981, 86, 90.

117 In der 1. Auflage des SK hatte *Horn* die Auffassung vertreten, eine Gleichbehandlung sei geboten, weil der Ersatzfreiheitsstrafenverbüßer sich in derselben Lage befände wie derjenige, bei dem ein Widerruf der Strafaussetzung zur Bewährung wegen Verstoßes gegen Auflagen und Weisungen erfolgt sei; vgl. *Horn,* SK (1. Aufl.), § 56 Rn 6.

118 *Dölling,* NStZ 1981, 86, 88.

119 *Dölling,* NStZ 1981, 86, 89.

120 *Zipf,* JR 1977, 121, 122; *Weber,* S. 184 f; *Maurach/Gössel/Zipf,* S. 521.

2. Teil

# Die Anwendung von § 57 I StGB auf Ersatzfreiheitsstrafen

Welcher Auffassung zu folgen ist, ist nicht leicht zu beantworten. Für beide Meinungen finden sich jeweils beachtliche Argumente, die eine Entscheidung zugunsten einer Auffassung nicht leicht fallen lassen. Es läßt sich sicherlich nicht sagen, eine Meinung sei evidentermaßen unrichtig. Die folgende Untersuchung soll zunächst die Frage behandeln: Gibt eine Auslegung des Wortlautes von § 57 I StGB eine Antwort darauf, ob eine Restaussetzung der Ersatzfreiheitsstrafe nach § 57 I StGB möglich ist?

## A. Der Wortlaut von § 57 I StGB

### I. „Freiheitsstrafe“

Wenn § 57 I StGB voraussetzt, es müsse sich bei der auszusetzenden Strafe um eine „Freiheitsstrafe“ handeln, so ließe sich hierunter auch die Ersatzfreiheitsstrafe subsumieren. Da die Ersatzfreiheitsstrafe nach allgemeiner Ansicht eine „echte“ Freiheitsstrafe[121] ist, das Gesetz aber nur zwei Hauptstrafen kennt, die Geld- und die Freiheitsstrafe, könnte auch die Ersatzfreiheitsstrafe als „Freiheitsstrafe“ im Sinne von § 57 I StGB angesehen werden. So meint das Gesetz zum Teil, wenn es von „Freiheitsstrafen“ spricht, auch die Ersatzfreiheitsstrafen, wie insbesondere ein Blick auf das 1977 in Kraft getretene Strafvollzugsgesetz zeigt, in dem zwischen der Ersatzfreiheitsstrafe und der „normalen“ Freiheitsstrafe nicht unterschieden wird[122]. Auch der BGH[123] hat für Entscheidungen bei Ersatzfreiheitsstrafen nach Strafantritt die Strafvollstreckungskammern und nicht das erstinstanzliche Gericht mit der Begründung für zuständig erachtet, es handele sich bei der Vollstreckung von Ersatzfreiheitsstrafen um die Vollstreckung von Freiheitsstrafen[124].

Nun gibt es allerdings keinen Rechtssatz, der bestimmt, daß primär verhängte Freiheitsstrafen und Ersatzfreiheitsstrafen immer gleich zu behandeln

121 Zum „Wesen“ der Ersatzfreiheitsstrafe vgl. unten D I.

122 Allg. Meinung; vgl. nur *Schwind/Böhm*, § 1 Rn 2.

123 *BGHSt* 30, 223, 224; ebenso *OLG Hamburg* JR 1976, 519; kritisch *Peters*, JR 1976, 519, 520.

124 Dies war für *Wendisch* in *Löwe/Rosenberg*, § 462 a Rn 5 ein maßgebender Gesichtspunkt für die Möglichkeit einer Restaussetzung der Ersatzfreiheitsstrafe.

seien. Nach dem allgemeinen Sprachgebrauch wird zwischen der originären Freiheitsstrafe und der Ersatzfreiheitsstrafe unterschieden[125]. Daß Ersatzfreiheitsstrafen und primär verhängte Freiheitsstrafen in jedem Falle gleich zu behandeln seien, ergibt sich entgegen einer teilweise geäußerten Ansicht[126] auch nicht aus § 50 I StVollstrO, der für die Vollstreckung von Ersatzfreiheitsstrafen die für Freiheitsstrafen im II. Abschnitt der StVollstrO geltenden Bestimmungen für anwendbar erklärt. Gerade auch diese Vorschrift dürfte zeigen, daß eine Gleichsetzung von Ersatzfreiheitsstrafe und primär verhängter Freiheitsstrafe nicht ohne weiteres zulässig ist.

In diesem Zusammenhang ist auch kurz auf folgendes einzugehen: Wenn § 50 I StVollstrO bestimmt, daß für die Vollstreckung von Ersatzfreiheitsstrafen die Vorschriften des II. Abschnittes gelten, so finden sich etwa in den §§ 29 III, 36 II oder 43 III StVollstrO Bestimmungen, die die Strafrestaussetzung gemäß § 57 I StGB zum Gegenstand haben. Hieraus kann nun aber nicht geschlossen werden, daß eine Strafrestaussetzung auch bei Ersatzfreiheitsstrafen möglich sein müsse[127], denn der Aussagegehalt von § 50 I StVollstrO ist in dieser Hinsicht gering. Die StVollstrO datiert vom 15. Februar 1956. Es ist kaum anzunehmen, daß die StVollstrO eine Aussage zu einer Restaussetzung von Ersatzfreiheitsstrafen machen wollte, zumal zu diesem Zeitpunkt das Problem als solches noch gar nicht erkannt worden sein dürfte. Entscheidend aber ist, daß es sich bei der StVollstrO lediglich um eine Verwaltungsvorschrift handelt. Ob eine Strafrestaussetzung möglich ist, kann aufgrund einer derartigen Vorschrift nicht geklärt werden.

Ein Blick in die Gesetzgebungsgeschichte zeigt, daß aus der Fassung des Strafvollzugsgesetzes im übrigen keine allzu weitreichenden Schlüsse gezogen werden dürfen. Der im Jahre 1966 im Rahmen der Beratungen zur Großen Strafrechtsreform von vierzehn Strafrechtslehrern vorgelegte Alternativentwurf zu dem im Jahre 1962 veröffentlichten Regierungsentwurf zu einer Neufassung des Strafgesetzbuches bestimmt in § 53 III 2, daß die §§ 37 – 39 des Alternativentwurfes, welche die Grundsätze des Vollzuges der Strafe regelten, bei Ersatzfreiheitsstrafen entsprechend Anwendung finden sollten. Auch hieraus wird deutlich, daß Ersatzfreiheitsstrafen und originäre Freiheitsstrafen nicht eo ipso gleichzusetzen sind. Wenn der Gesetzgeber eine entsprechende Regelung für entbehrlich hielt, so dürfte dies darin begründet sein, daß er meinte, auf eine entsprechende Anwendungsvorschrift verzichten zu können, da diese sich von selbst ergebe. Besondere Bedeutung ist dem nicht beizumessen.

---

125 Hierauf weisen zu Recht *OLG Schleswig,* OLGSt. § 57, S. 23 sowie *OLG Oldenburg* JurBüro 1977, 520 hin.

126 So *OLG Koblenz* MDR 1977, 423, 424; *Weber,* S. 182.

127 Vgl. hierzu *Pohlmann* in *Pohlmann/Jabel,* § 50 Rn 1.

Aus der Zuständigkeit der Strafvollstreckungskammern für Ersatzfreiheitsstrafen zu folgern, daß Ersatzfreiheitsstrafen wie Freiheitsstrafen zu behandeln sind, ist problematisch[128]. Dies zeigt ein Blick in die Gesetzgebungsgeschichte zu § 462 a StPO. Anfangs war es nämlich vorgesehen, über Ersatzfreiheitsstrafen unabhängig von der Vollstreckung der Strafe das erkennende Gericht entscheiden zu lassen[129]. Gesetz ist dies aber nicht geworden, da man meinte, es sei nicht geboten, Ersatzfreiheitsstrafen von der möglichst einheitlich auszugestaltenden Zuständigkeit der Strafvollstreckungskammern auszunehmen. Getragen wurde dies von der Überlegung, daß in allen Fällen, in denen der Verurteilte eine Freiheitsstrafe verbüßt, die besondere Erfahrung und Entscheidungsnähe der Strafvollstreckungskammern nutzbar gemacht werden sollten[130]. Gerade die anfangs angestellten Überlegungen, die aus Praktikabilitätserwägungen aber nicht Eingang in das Gesetz fanden, deuten auf Unterschiede zwischen der Ersatzfreiheitsstrafe und der primär verhängten Freiheitsstrafe hin.

Auch der Gesetzgeber geht davon aus, daß primär verhängte Freiheitsstrafen und Ersatzfreiheitsstrafen nicht ohne weiteres gleich zu behandeln sind. Dies zeigt ein Blick auf das am 1. Mai 1986 in Kraft getretene 23. Strafrechtsänderungsgesetz: In § 456 a I StPO wurden ausdrücklich auch die Ersatzfreiheitsstrafen einbezogen, um, wie aus der Begründung zu der Gesetzesänderung zu entnehmen ist, auch bei Ersatzfreiheitsstrafen von der Vollstreckung bei Auslieferung bzw. Landesverweisung absehen zu können[131]. Durch die besondere Erwähnung der Ersatzfreiheitsstrafe in der Vorschrift wird deutlich, daß Freiheits- und Ersatzfreiheitsstrafen nicht ohne weiteres gleichgesetzt werden dürfen.

Bekanntlich hat auch der BGH aus dem Charakter der Ersatzfreiheitsstrafe als „echte“ Strafe bei der Frage, ob die Ersatzfreiheitsstrafe eine Freiheitsstrafe im Sinne von § 48 I Nr. 2 StGB aF sei, keine entscheidenden Schlüsse gezogen[132]. Für den BGH war es maßgeblich, ob nach Sinn und Zweck der Vorschrift auch Ersatzfreiheitsstrafen von der Rückfallvorschrift mitumfaßt sein müßten. Dies hat er im Ergebnis dann verneint[133]. Auch bei der hier zu untersuchenden Frage wird es entscheidungserheblich sein, inwieweit nach Sinn und Zweck einer Reststrafenaussetzung unter Berücksichtigung der bei

---

128 In diesem Sinne aber *Wendisch* in Löwe/Rosenberg, § 462 a Rn 5.

129 Vgl. BT-Drucks. 7/550, S. 312; gerade dies zeigt die Nähe der Ersatzfreiheitsstrafe zur Geldstrafe. Vgl hierzu auch *Schaffmeister* in *Jescheck/Grebing*, S. 625.

130 Vgl. BT-Drucks. 7/550, S. 314.

131 Obwohl § 456 a I StPO von „Freiheitsstrafe“ sprach, ist es – soweit ersichtlich – von niemandem vertreten worden, daß auch bei Ersatzfreiheitsstrafen ein Absehen von der Vollstreckung nach dieser Vorschrift möglich sein sollte.

132 *BGHSt* 27, 90.

133 *BGHSt* a.a.O.

der Ersatzfreiheitsstrafe bestehenden Besonderheiten eine Restaussetzung in Betracht komme[134].

Festzuhalten ist damit zunächst, daß eine Gleichbehandlung von Freiheitsstrafe und Ersatzfreiheitsstrafe nicht zwingend ist, da sowohl nach dem allgemeinen Sprachgebrauch als auch nach den vom Gesetz verwendeten Formulierungen zwischen Freiheitsstrafe und Ersatzfreiheitsstrafe unterschieden wird.

### II. „Zeitige Freiheitsstrafe"

Nach § 57 I StGB kann nur eine „zeitige" Freiheitsstrafe zur Bewährung ausgesetzt werden. Ob die Ersatzfreiheitsstrafe als eine solche „zeitige" Freiheitsstrafe angesehen werden kann, ist insofern zweifelhaft, als nach § 38 II StGB das Höchstmaß der zeitigen Freiheitsstrafe fünfzehn Jahre, das Mindestmaß einen Monat beträgt. Das Mindestmaß der Ersatzfreiheitsstrafe ist hingegen ein Tag (§ 43 S. 3 StGB), ihr Höchstmaß beträgt 360 Tage (§ 40 I 2 StGB), im Falle einer Gesamtstrafenbildung 720 Tage (§ 54 II 2 StGB). Dies ließe den Schluß zu, daß die Ersatzfreiheitsstrafe nicht als eine „zeitige" Freiheitsstrafe angesehen werden kann.

Andererseits unterscheidet das Gesetz, wie sich aus § 38 I StGB entnehmen läßt, zwischen der zeitigen und der lebenslangen Freiheitsstrafe, eine Differenzierung, die sich auch in den §§ 57, 57 a StGB wiederfindet. Es ließe sich von daher auch daran denken, die Bedeutung der Merkmals „zeitige" Freiheitsstrafe lediglich in der Abgrenzung zur lebenslangen Freiheitsstrafe zu sehen[135]. Die Ersatzfreiheitsstrafe wäre dann nur eine Modifikation der in den §§ 38, 39 StGB normierten „zeitigen" Freiheitsstrafe[136].

Angesichts dieser unterschiedlichen Möglichkeiten, die jeweils begründbar sind, hilft das Merkmal „zeitige" Freiheitsstrafe nicht entscheidend weiter. Man wird kaum sagen können, daß die Ersatzfreiheitsstrafe zwangsläufig – so aber das OLG Oldenburg[137] – keine „zeitige" Freiheitsstrafe sei.

### III. „Verhängte Strafe"

Nach § 57 I StGB ist eine Aussetzung des Strafrestes erst möglich, wenn zwei Drittel der „verhängten Strafe", mindestens jedoch zwei Monate, verbüßt sind. Es erscheint aus mehreren Gründen zweifelhaft, daß eine Ersatz-

---

[134] Die Ersatzfreiheitsstrafe wird i.ü. auch nicht als „Freiheitsstrafe" im Sinne von § 35 BtMG angesehen, vgl. *Joachimski*, § 35 Anm. 2.

[135] So *Dölling*, NStZ 1981, 86, 87.

[136] In diesem Sinne wohl *Tröndle*, LK, vor § 38 Rn 22.

[137] *OLG Oldenburg* JurBüro 1977, 520, 521.

freiheitsstrafe als die „verhängte Strafe" im Sinne von § 57 I StGB angesehen werden kann:

Nach dem Sprachgebrauch des Gesetzes – vgl. §§ 40 I, 41, 47 I StGB – sind als „verhängte Strafen" jeweils entweder die originäre Freiheitsstrafe oder die Geldstrafe gemeint. Insofern ist es naheliegend, auch bei § 57 I StGB davon auszugehen, daß nur die primär verhängte Strafe, also die Freiheitsstrafe, gemeint ist.

Verschiedentlich ist aus § 43 StGB gefolgert worden, die Ersatzfreiheitsstrafe werde nicht „verhängt", da sie sich unmittelbar aus dem Gesetz ergebe[138]. Wie die nachfolgenden Überlegungen zeigen, erscheint es zweifelhaft, ob hieraus aber allzu weitreichende Folgerungen gezogen werden können:

Die Dauer der Ersatzfreiheitsstrafe kann auf dreifache Weise bestimmt werden: Zum einen ist es möglich, daß das erkennende Gericht zugleich mit der Verhängung der Geldstrafe auch die Ersatzfreiheitsstrafe festsetzt – so auch die Regelung bis zum Inkrafttreten des 2. Strafrechtsreformgesetzes im Jahre 1975[139]. Des weiteren kann sich die Ersatzfreiheitsstrafe aufgrund eines festen Umrechnungsmaßstabes kraft Gesetzes aus der Verhängung der Geldstrafe ergeben, ohne daß es noch einer besonderen gerichtlichen Entscheidung bedarf. Schließlich ist es aber auch denkbar, erst dann, wenn die Geldstrafe uneinbringlich ist, ein Gericht über die Verhängung der Ersatzfreiheitsstrafe in einem besonderen Verfahren entscheiden zu lassen.

In verschiedenen Ländern ist dieser letztgenannte Weg beschritten worden[140]. Auch bei den Beratungen im Rahmen der Großen Strafrechtsreform war lange Zeit erörtert worden, ob nicht ein Gericht bei Uneinbringlichkeit der Geldstrafe über die Vollstreckung der Ersatzfreiheitsstrafe entscheiden sollte[141]. Der Gesetzgeber hat sich aber nicht dazu entschließen können, noch einmal gesondert ein Gericht über die Vollstreckung der Ersatzfreiheitsstrafe entscheiden zu lassen, vielmehr hat man den oben beschriebenen zweiten Weg gewählt. Dies aus dem Grunde, um einmal die sich mit Einführung des Tagessatzsystems ergebenden Möglichkeiten für die Festlegung der Ersatzfreiheits-

---

138 *OLG Schleswig,* OLGSt. § 57, S. 23; *KG* GA 1977, 237, 238; *Hinze,* Rpfleger 1976, 422, 423.

139 Vgl. § 29 StGB aF.

140 Vgl. den Überblick bei *Grebing* in *Jescheck/Grebing,* S. 1327 f.

141 Vgl. BT-Drucks. 7/550, S. 311, BT-Prot. 5/S. 2191 und 7/S. 664; bei den Beratungen stand aber nicht das Problem einer Festsetzung der Ersatzfreiheitsstrafe im Vordergrund, sondern die Frage, wann von der Vollstreckung der Ersatzfreiheitsstrafe abgesehen werden könnte; vgl. hierzu *Tröndle,* ZStW 86, 545, 565 ff. Jüngst hat etwa *Grebing* in *Jescheck/Grebing,* S. 1356 die Forderung nach einer gerichtlichen Entscheidung über die Vollstreckung der Ersatzfreiheitsstrafe erhoben. Grebing verspricht sich davon, daß es hierdurch seltener zu einer Anordnung der Ersatzfreiheitsstrafe kommt.

strafe auszunutzen, zum anderen aber auch, um eine Mehrarbeit der Gerichte nach Möglichkeit zu vermeiden[142].

Bei der Frage, ob auch die Ersatzfreiheitsstrafe als vom Richter „verhängt" anzusehen ist, ist auch Art. 104 II 1 GG zu beachten. Danach hat ein Richter über die Zulässigkeit eines Freiheitsentzuges zu entscheiden. Dies ist auch bei der Vollstreckung von Ersatzfreiheitsstrafen der Fall. Der sich aus Art. 104 II 1 GG ergebenden Forderung ist dadurch Genüge getan, daß der Richter durch die Bestimmung der Anzahl der Tagessätze im Urteil den Umfang des Freiheitsentzuges bereits festgelegt hat[143]. Es ist dabei unerheblich, daß der Freiheitsentzug sich dem Urteil nicht unmittelbar anschließt. Eine solche Situation tritt auch ein, wenn eine Freiheitsstrafe bedingt oder unbedingt ausgesprochen wurde, da es immer noch weiterer Maßnahmen der Vollstreckungsbehörde bis zum tatsächlichen Freiheitsentzug bedarf[144]. Der Anordnung der Vollstrekkung der Ersatzfreiheitsstrafe durch die Vollstreckungsbehörde gemäß § 459 e StPO kommt dabei keine besondere Funktion mehr zu, insbesondere nicht in dem Sinne, daß sie letztlich die Freiheitsbeschränkung begründet. Die Aufgabe einer gesonderten Anordnung der Vollstreckung ist lediglich, die Vollstreckungsbehörde anzuhalten, die bei der Vollstreckung einer Ersatzfreiheitsstrafe zu beachtenden besonderen Voraussetzungen (vgl. §§ 459 ff StPO) zu prüfen. Es soll dem Geldstrafenschuldner auch ermöglicht werden, sich gegen eine konkrete Maßnahme der Vollstreckungsbehörde zu wenden, um dann von einem Gericht die Zulässigkeit des Freiheitsentzuges klären zu lassen (vgl. § 459 h StPO)[145].

Daraus folgt, daß auch dann, wenn nach heutigem deutschen Recht ein Gericht nicht gesondert die Ersatzfreiheitsstrafe „verhängt", letztlich die Ersatzfreiheitsstrafe doch ihre Grundlage in einer Entscheidung eines Gerichtes findet. Mit dem Sprachgebrauch ließe es sich noch vereinbaren, wenn man annimmt, daß auch die Ersatzfreiheitsstrafe mit „verhängt" ist. Aus der obigen Funktionsbeschreibung der Anordnung der Ersatzfreiheitsstrafe ergibt sich aber auch, daß der von Frank[146] gegebene Hinweis, die Ersatzfreiheitsstrafe werde eben nicht „verhängt", sondern „angeordnet", wenig aussagekräftig ist.

Mit dem Wortlaut und dem allgemeinen Sprachgebrauch ist es allerdings nur noch schwer zu vereinbaren, wenn die Befürworter einer Restaussetzung der Ersatzfreiheitsstrafe im Hinblick auf mögliche Zahlungen auf die Geld-

---

142 Dieser letzte Gesichtspunkt ist im Gesetzgebungsverfahren mehrfach betont worden, vgl. nur *Schäfer,* Nd. Bd. I, S. 177; *Schafheutle,* Nd. Bd. IV, S. 251.

143 Vgl. hierzu *OLG Bremen* NJW 1975, 1524, 1525.

144 Vgl. *OLG Bremen* a.a.O.

145 Vgl. BT-Drucks. 7/550, S. 311; ferner *Chlosta,* KK, § 459 e Rn 1; *Wendisch* in *Löwe/Rosenberg,* § 459 e Rn 1; *Tiedemann,* GA 64, 351, 371.

146 *Frank,* NJW 1978, 141 f.

strafe als „verhängte Strafe“ die Strafe ansehen, die der Verurteilte zu einem gegebenen Zeitpunkt tatsächlich noch zu verbüßen hat[147]. Zur Begründung dieser Auffassung wird angeführt, daß der Richter zu der Ersatzfreiheitsstrafe verurteilt habe, die unter Anrechnung der gezahlten Geldstrafe noch zu vollstrecken ist. Die Auffassung entfernt sich aber doch in einem erheblichen Maße vom allgemeinen Sprachgebrauch. Als „verhängte Strafe“ wird an sich eine bestimmte, fest umrissene Strafe verstanden, aber nicht eine Strafe, die sich täglich durch Zahlungen auf die Geldstrafe verändern kann. Insofern erscheint die Auffassung der Befürworter einer Strafrestaussetzung mit dem Wortlaut von § 57 I StGB nur bedingt vereinbar zu sein. Auf die sich ergebenden Berechnungsprobleme hinsichtlich der Bestimmung des Zweidrittel-Zeitpunktes der Strafe sowie der Mindestverbüßungszeit wird einzugehen sein.

Fraglich aber ist, welche Bedeutung dem Merkmal „verhängte Strafe“ überhaupt zukommt. Das OLG Koblenz[148] mißt dem Merkmal kaum Bedeutung zu. Das Tatbestandsmerkmal „verhängte Strafe“ sei weitgehend bedeutungslos; dies ergebe sich daraus, daß auch bei einem Gesamtstrafenbeschluß eine Reststrafenaussetzung möglich sei. Auf den Urteilsspruch selbst komme es somit gar nicht an.

Dem ist aber folgendes entgegenzuhalten: Bei der nachträglichen Gesamtstrafenbildung gemäß § 460 StPO wird ein nach materiellem Recht an sich notwendiger Strafzusammenzug vorgenommen, der nicht erfolgt ist, weil entweder der Richter im späteren Verfahren die Möglichkeit einer Gesamtstrafenbildung übersehen hatte, oder weil die Gesamtstrafe ausnahmsweise noch nicht hatte gebildet werden können[149]. In diesen Fällen ist aus rechtsstaatlichen Gründen eine Korrektur vorzunehmen, um dem Verurteilten doch noch den Vorteil einer Gesamtstrafe zukommen zu lassen. Entscheidend dabei aber ist, daß auch dem Gesamtstrafenbeschluß primär ausgesprochene Strafen zugrundeliegen, die lediglich zusammengezogen werden. Anders als das OLG Koblenz es gesehen hat, kommt es damit nicht entscheidend auf den Beschluß, sondern auf die zugrundeliegenden Freiheitsstrafen an[150]. Insofern zeigt sich gerade auch hier, daß Grundlage für die Entscheidung über eine Strafrestaussetzung primär verhängte Freiheitsstrafen sind.

Zusammenfassend wird man zunächst feststellen können, daß der Wortlaut von § 57 I StGB nicht in eindeutiger Weise die Frage beantwortet, ob der Rest von Ersatzfreiheitsstrafen nach § 57 I StGB zur Bewährung ausgesetzt werden kann.

---

[147] So *Lackner*, § 57 Rn 2 a; *Preisendanz*, § 57 Anm. 2 c; *ders.*, JR 1976, 466, 468; *Zipf*, JR 1977, 121, 123; *Dölling*, NStZ 1981, 86, 87; *Maurach/Gössel/Zipf*, S. 521 f; abweichend *Dreher-Tröndle*, § 57 Rn 2 a.

[148] *OLG Koblenz* MDR 1977, 423.

[149] Vgl. *Chlosta*, KK, § 460 Rn 1.

[150] So auch *OLG Düsseldorf* NJW 1980, 250; *Frank*, NJW 1978, 141, 142.

## B. Die Systematik des Gesetzes

Zu prüfen ist ferner, ob sich aus der Gesetzessystematik Argumente dafür herleiten lassen, daß eine Aussetzung des Restes einer Ersatzfreiheitsstrafe in Betracht komme.

Hierfür ließe sich zunächst die Stellung des § 26 StGB aF anführen, der im Anschluß an die Regelungen über die Freiheitsstrafen (§§ 14 ff StGB aF) und vor den Vorschriften über die Geldstrafe (§§ 27 ff StGB aF) stand[151]. Es ist aber zu bedenken, daß sich die Stellung der Vorschrift über eine Strafrestaussetzung (§ 26 StGB aF) einfach aus dem Zusammenhang zu den Vorschriften über die Aussetzung der Strafe (§§ 23 ff StGB aF) ergeben haben dürfte. Da auch damals wie heute nur die Aussetzung von Freiheitsstrafen möglich war bzw. ist, war es nur sachgerecht, die Vorschriften über die Strafaussetzung unmittelbar im Anschluß an die Regelungen über die Freiheitsstrafen einzuordnen.

Es hatte darüber hinaus auch schon in den zwanziger Jahren Bestrebungen zu einer Änderung des StGB gegeben. So war in einem amtlichen Entwurf eines Allgemeinen Deutschen Strafgesetzbuches aus dem Jahre 1925 vorgesehen, die damals noch vorhandene Todesstrafe sowie die Bestimmung über die Freiheitsstrafen und die Geldstrafe in einem Abschnitt (§§ 29 – 34 des Entwurfes) aufzunehmen. Unmittelbar im Anschluß daran sollte der bedingte Straferlaß geregelt werden. Hintergrund hierfür war, daß der Entwurf auch bei Geldstrafen einen bedingten Straferlaß vorsah (vgl. § 35 des Entwurfes). Schon aus diesen Überlegungen heraus dürfte deutlich werden, daß der nach alter Rechtslage bestehenden systematischen Stellung der Vorschriften keine allzu große Bedeutung beigemessen werden sollte. Jedenfalls mit der im Zuge der Großen Strafrechtsreform vorgenommenen Neufassung des allgemeinen Teils des StGB dürften sich aus der Systematik des Gesetzes insoweit kaum noch Argumente für oder gegen die Möglichkeit einer Strafrestaussetzung herleiten lassen[152]. Wenn jetzt darauf hingewiesen wird, daß die §§ 56 – 58 StGB an sich nur die primär verhängten Freiheitsstrafen zum Gegenstand haben[153], so schließt dies doch nicht aus, daß § 57 I StGB auch Bedeutung für Ersatzfreiheitsstrafen erlangen kann.

Allerdings deutet in einem gewissen Maße die Systematik der § 449 ff StPO auf eine unterschiedliche Behandlung von Freiheits- und Ersatzfreiheitsstrafe hin[154]. Die Systematik ließe sich so interpretieren, daß die §§ 453 ff StPO die

---

151 Hierauf weisen das *AG Berlin-Tiergarten* NJW 1972, 457 sowie *Hinze,* Rpfleger 1976, 422, 423 hin.

152 So auch *OLG Zweibrücken* JR 1976, 466, 467; *OLG Düsseldorf* NJW 1977, 308; *Weber,* S. 182; anders *OLG Celle* JR 1977, 121, 122; *AG Berlin-Tiergarten* NJW 1972, 457.

153 Daß eine Ersatzfreiheitsstrafe nicht nach § 56 StGB ausgesetzt werden kann, ist allg.M.; vgl. nur *Horn,* SK, § 56, Rn 6.

Freiheitsstrafen behandeln, wobei § 454 StPO die Aussetzung des Strafrestes betrifft, die §§ 459 – 459 d StPO die Vollstreckung der Geldstrafe und die §§ 459 e und f StPO die Vollstreckung der Ersatzfreiheitsstrafe zum Gegenstand haben. Eine derartige Dreiteilung wird aber nicht konsequent eingehalten. So gibt es etwa Meinungen, die die in § 456 StPO vorgesehene Möglichkeit eines Strafaufschubes auch auf die Geldstrafe bezogen und damit diese Systematik durchbrochen haben[155]. Ob dem aber im Hinblick darauf, daß die Vollstreckungsbehörde dem Geldstrafenschuldner nach § 459 a StPO Zahlungserleichterungen gewähren kann, gefolgt werden sollte, erscheint sehr zweifelhaft. Praktisch hat § 456 StPO bei Geldstrafen keine Bedeutung[156]. Daß sich die §§ 453 – 458 StPO im Grundsatz nur auf die primär verhängten Freiheitsstrafen beziehen[157], darauf deutet nun allerdings die schon erwähnte Änderung des § 456 a StPO hin, durch die auch bei Ersatzfreiheitsstrafen von der Vollstreckung der Strafe bei Ausweisung und Landesverweisung abgesehen werden kann. Daraus folgt, daß die Systematik des Gesetzes eher dafür spricht, daß eine Aussetzung des Restes einer Ersatzfreiheitsstrafe nach § 57 I StGB nicht möglich ist.

Eine Auseinandersetzung ist aber noch mit dem – in systematischer Hinsicht – Hauptargument vonnöten, welches beinhaltet, daß eine Restaussetzung von Ersatzfreiheitsstrafen nach § 57 I StGB nicht möglich sei, da die §§ 459 ff StPO eine Sonderregelung für die Ersatzfreiheitsstrafenvollstreckung darstellten, die eine Anwendung der allgemeinen Vorschrift des § 57 I StGB ausschließe[158]. Inwieweit diese Auffassung zutrifft, ist zunächst unter Berücksichtigung der Entstehungsgeschichte der genannten Vorschriften zu klären.

## C. Die Regelungsabsicht des Gesetzgebers

Es ist zu fragen, welche Vorstellungen der Gesetzgeber zu einer Restaussetzung von Ersatzfreiheitsstrafen hatte. Dabei ist festzustellen, daß bei den gesetzgeberischen Beratungen im Rahmen der Großen Strafrechtsreform zu keinem Zeitpunkt die Problematik einer Strafrestaussetzung bei Ersatzfreiheitsstrafen erörtert wurde. Gegenstand der Erörterungen war lediglich die Frage nach der Aussetzung der Geld- bzw. der Ersatzfreiheitsstrafe insgesamt gewesen.

---

154 So auch *Hinze,* Rpfleger 1976, 422, 423; *Frank,* NJW 1978, 141, 142.

155 Vgl. etwa *OLG Schleswig* SchlHA 1976, 13; *Kleinknecht/Meyer,* § 456 Rn 1.

156 Vgl. *Schäfer* in *Löwe/Rosenberg* , § 456 Rn 1 sowie *Müller,* KK, § 456 Rn 3; es dürfte aber Einigkeit bestehen, daß bei Ersatzfreiheitsstrafen § 459 f StPO lex specialis ist.

157 Zur Anwendung von § 455 StPO auf Ersatzfreiheitsstrafen vgl. *LG Frankfurt* StVert. 1983, 292.

158 So *OLG Celle* JR 1977, 121, 122; *KG* GA 1977, 237, 238; *OLG Karlsruhe* Die Justiz 1978, 146, 147; *Pohlmann* in *Pohlmann/Jabel,* § 37 Rn 35; *Wetterich/Hamann,* Rn 331; *Chlosta,* KK, § 459 e Rn 8; *Frank,* NJW 1978, 141, 142.

Erörtert wurde die Frage nach der Zulässigkeit einer Strafrestaussetzung allerdings bei den Beratungen um die Einfügung des § 43 III StVollstrO. Den lange in Rechtsprechung und Literatur bestehenden Streit, ob bei mehreren nacheinander zu vollstreckenden Freiheitsstrafen für jede gesondert eine Entscheidung über eine Strafrestaussetzung getroffen werden müsse, oder ob die einzelnen Freiheitsstrafen für die Berechnung des Zweidrittel-Zeitpunktes zusammenzurechnen seien, wollte der Gesetzgeber durch die Einfügung des § 43 III StVollstrO entschärfen. Nach § 43 III StVollstrO kann die Vollstreckungsbehörde eine Freiheitsstrafe nach Verbüßung von zwei Dritteln der Strafe unterbrechen, um bei der letzten zu verbüßenden Strafe gleichzeitig für alle Strafen die Frage einer Strafrestaussetzung zu entscheiden. Dabei wurde erörtert, ob § 43 III StVollstrO auch für Ersatzfreiheitsstrafen gelten sollte[159]. Im Hinblick darauf, daß die Frage einer Strafrestaussetzung in Rechtsprechung und Literatur umstritten war, wurde eine Entscheidung aber nicht getroffen. Insofern sind Rückschlüsse auf die Regelungsabsicht des Gesetzgebers nur bedingt möglich.

Wenn einige Gerichte[160] der Auffassung sind, daß im Grundsatz *alle* die Vollstreckung der Geldstrafe und der Ersatzfreiheitsstrafe betreffenden Vorschriften zusammenhängend in der StPO angesiedelt werden sollten, die Vorschrift des § 57 I StGB also keine Anwendung finden kann, so ist dies insofern richtig, als der Gesetzgeber die sachlichrechtliche und die vollstreckungsrechtliche Seite der Ersatzfreiheitsstrafe getrennt hatte regeln wollen[161]. Die Bestimmungen, aus denen sich die Dauer der Ersatzfreiheitsstrafe ergab, sollten in das StGB aufgenommen werden, während die vollstreckungsrechtliche Seite, d.h. die Vorschriften über die Zulässigkeit der Vollstreckung der Ersatzfreiheitsstrafe, entweder im Strafvollstreckungsteil der StPO oder in einem neu zu schaffenden Strafvollzugsgesetz eingeordnet werden sollten[162].

Selbst wenn alle die Vollstreckung von Geld- und Ersatzfreiheitsstrafen betreffenden Vorschriften zusammenhängend geregelt worden sind, schließt dies nicht unbedingt aus, daß § 57 I StGB auch auf Ersatzfreiheitsstrafen angewandt werden könnte. § 57 I StGB ist in gewisser Weise systemwidrig in das StGB aufgenommen worden. Denn angesichts der Bedeutung der Vorschrift für das Vollstreckungsverfahren wäre auch eine Aufnahme der Vorschrift in einem Vollstreckungs- oder sogar dem Strafvollzugsgesetz[163] möglich gewesen. Wenn hierauf aber insbesondere wegen des erheblichen materiell-

159 Vgl. den Bericht von *Jabel*, MDR 1980, 718, 719.

160 So *OLG Celle* JR 1977, 121, 122; *KG* GA 1977, 237, 238; *OLG Karlsruhe* Die Justiz 1978, 146, 147; ferner *Pohlmann*, Rpfleger 1973, 436; *Wetterich/Hamann*, Rn 331.

161 RegE 1962, Begründung S. 174.

162 RegE 1962, Begründung S. 174.

163 So die Überlegungen in der von 1967 - 1971 tagenden Strafvollzugskommission, vgl. *Steierer*, S. 74.

rechtlichen Gehaltes der Vorschrift sowie wegen des engen Zusammenhangs zu den allgemeinen Vorschriften über die Strafaussetzung verzichtet worden ist, so erscheint es wenig bedeutsam, wenn ansonsten die die Vollstreckung der Strafe betreffenden Vorschriften in einem Verfahrensgesetz eingeordnet wurden. Eine Anwendung von § 57 I StGB auf Ersatzfreiheitsstrafen schließt das nicht zwingend aus. Auch weitere für die Vollstreckung der Ersatzfreiheitsstrafe wesentliche Bestimmungen sind nicht in die StPO aufgenommen worden, so etwa die Frage, ob Ersatzfreiheitsstrafen immer im Anschluß an Freiheitsstrafen vollstreckt werden sollen[164]. Auch § 42 StGB, der für die Geldstrafenvollstreckung von erheblicher Bedeutung ist, ist im allgemeinen Teil des StGB verblieben. Von daher ist es nicht von vornherein ausgeschlossen, auch § 57 I StGB auf Ersatzfreiheitsstrafen anzuwenden. Inwieweit das Gesetzgebungsverfahren wegen der Wesensverschiedenheit von Freiheits- und Ersatzfreiheitsstrafe zu einer gänzlich andersartigen Regelung für Ersatzfreiheitsstrafen in den §§ 459 ff StPO geführt hat[165], läßt sich dem Verlauf des Gesetzgebungsverfahren nicht entnehmen, da entsprechende Anhaltspunkte fehlen[166]. Dieses kann nur aufgrund einer Betrachtung des Sinns und des Zwecks einer Restaussetzung bei der Ersatzfreiheitsstrafe erschlossen werden. Hierauf wird nunmehr einzugehen sein.

## D. Die objektiv-teleologische Auslegung

Nachfolgend ist nun im Rahmen der teleologischen Auslegung zu fragen, ob es dem Sinn und dem Zweck der Ersatzfreiheitsstrafenvollstreckung entspricht, wenn der Rest der Strafe zur Bewährung ausgesetzt werden kann. Es ist damit zu untersuchen, ob eine Anwendung von § 57 I StGB „sachgemäß“[167] ist.

---

[164] Vgl. hierzu den Regelungsvorschlag des Bundesrates in BT-Drucks. 10/2720, S. 26, der aber abgelehnt worden ist, da man nicht eine Detailfrage aus dem Gesamtkomplex der Ersatzfreiheitsstrafenvollstreckung regeln wollte; so die Stellungnahme der Bundesregierung in BT-Drucks. 10/2720, S. 30.

[165] So das *KG* GA 1977, 237, 238.

[166] Interessant ist allerdings die Haltung des im Jahre 1966 von 14 Strafrechtslehrern veröffentlichten Alternativentwurfes zu dem Regierungsentwurf von 1962. Dieser nahm eine rigorose Haltung zu der Ersatzfreiheitsstrafenvollstreckung ein: Derjenige, der trotz der Möglichkeit, Zahlungserleichterungen zu erhalten sowie gemeinnützige Arbeit zu leisten, die Angebote nicht annahm und die Geldstrafe schuldig blieb, sollte die Ersatzfreiheitsstrafe erleiden; vgl. die Begründung zu § 54, S. 107. Obwohl der Alternativentwurf einer Restaussetzung der Strafe sehr positiv gegenüber eingestellt war – der Entwurf sah sowohl eine Restaussetzung bei der Freiheitsstrafe wie bei der Geldstrafe wie auch bei der Ableistung gemeinnütziger Arbeit vor (vgl. §§ 48, 54 AE) –, war eine entsprechende Regelung bei der Vollstreckung der Ersatzfreiheitsstrafe nicht getroffen worden.

[167] Vgl. hierzu *Larenz,* S. 319 ff.

Dies führt zunächst zu der Frage nach dem „Wesen" der Ersatzfreiheitsstrafe. Wie einleitend in der Übersicht über den Meinungsstand dargestellt, stehen sich im Grundsatz zwei Auffassungen gegenüber: Von denjenigen, die eine Restaussetzung der Ersatzfreiheitsstrafe nicht für möglich halten, wird angeführt, daß die Ersatzfreiheitsstrafe gleichsam tageweise an die Stelle der insoweit erledigten Geldstrafe tritt, wenn und soweit sie verbüßt ist[168]. Es wird darauf hingewiesen, daß die Ersatzfreiheitsstrafe nur die Kehrseite der Geldstrafe, ihre Vollstreckung lediglich die Beitreibung der Geldstrafe in besonderer Form sei[169]. Demgegenüber wird von den Befürwortern der Möglichkeit einer Restaussetzung gemeint, daß mit der Anordnung der Ersatzfreiheitsstrafe, jedenfalls mit Strafantritt nicht nur eine tatsächliche, sondern auch eine rechtliche Umwandlung der Geld- in eine (Ersatz-)Freiheitsstrafe stattgefunden habe[170]. Die Ersatzfreiheitsstrafe sei mithin eine „echte" Freiheitsstrafe.

Hinter diesem Meinungsstreit verbirgt sich das Zentralproblem der Frage nach der Restaussetzung der Ersatzfreiheitsstrafe, ob sich ein „Spurwechsel" von der Geldstrafe hin zur (Ersatz-)Freiheitsstrafe vollzogen hat. Ist ein solcher „Spurwechsel" eingetreten, liegt es nahe, auch § 57 I StGB auf Ersatzfreiheitsstrafen anzuwenden.

Im folgenden ist demnach das Verhältnis von Geld- und Ersatzfreiheitsstrafe zu klären. Dabei ist zunächst zu untersuchen, inwieweit die Ersatzfreiheitsstrafe eine „echte" Freiheitsstrafe ist. Des weiteren ist auch das der Ersatzfreiheitsstrafe faktisch zukommende Zwangselement zu beleuchten.

## I. Die Konzeption der Ersatzfreiheitsstrafe

Die Befürworter der Möglichkeit einer Strafrestaussetzung können sich zur Begründung ihrer Auffassung, es handele sich bei der Ersatzfreiheitsstrafe um eine „echte" Strafe, auf Entscheidungen des Reichsgerichts und des Bundesgerichtshofes berufen. Schon das Reichsgericht hatte in einer frühen Entscheidung[171] herausgestellt, daß die Ersatzstrafen – so der alte Sprachgebrauch – nicht Zwangsvollstreckungsmittel, sondern nur Strafen seien. Auch der Bundesgerichtshof[172] hat später klargestellt, daß die Ersatzfreiheitsstrafe keine Zwangsmaßregel, die nur die Zahlung der Geldstrafe bewirken solle, sondern eine Strafe sei, die dem Unrechtsgehalt der Tat und der Schuld des Täters entsprechen müsse.

---

[168] So *OLG Schleswig,* OLGSt. § 57, S. 23; *OLG Hamm* MDR 1977, 422, 423; *OLG Stuttgart* MDR 1978, 331, 332; *OLG Düsseldorf* NJW 1980, 250; *LG Lüneburg,* Rpfleger 1973, 436; vgl. auch *KG* GA 1977, 237, 238.

[169] So *AG Berlin-Tiergarten* NJW 1972, 457; vgl. auch *BayObLG* JR 1974, 430 f.

[170] So *Doller,* NJW 1977, 288.

[171] *RGSt* 45, 332 ff

[172] *BGHSt* 20, 13, 16; vgl. auch *BGH* JR 1962, 145, 146; *OLG Köln* NJW 1957, 1727; *Mittelbach,* NJW 1957, 1138.

Ist auch der Strafcharakter der Ersatzfreiheitsstrafe nicht zu verkennen, so ist doch zu fragen, inwieweit die Ersatzfreiheitsstrafe eine „echte“ Strafe ist. Im folgenden ist zu untersuchen, welche Strafzwecke mit der Verhängung einer „normalen“ Freiheitsstrafe sowie der Ersatzfreiheitsstrafe verfolgt werden, welche Bedeutung der Ersatzfreiheitsstrafe als Strafe überhaupt zukommt. Besonderes Augenmerk soll dabei auf die Frage nach der spezialpräventiven Wirkung der Ersatzfreiheitsstrafe gerichtet werden. Sollte die Ersatzfreiheitsstrafe auch in einem besonderen Maße der Einwirkung auf den Täter dienen, so läge es nahe, auch das in den §§ 57 III 1 in Verbindung mit 56 a ff StGB eröffnete Resozialisierungsinstrumentarium für anwendbar zu erklären. Hierdurch bekäme eine Restaussetzung der Ersatzfreiheitsstrafe Sinn, da über eine Restaussetzung der Ersatzfreiheitsstrafe die Wiedereingliederung des Täters gefördert werden könnte[173].

### 1. Der Strafcharakter der Ersatzfreiheitsstrafe

#### *a) Schuldausgleich*

Der Schuldausgleich im Sinne einer Tatvergeltung ist zunächst das Charakteristikum einer Strafe. Entsprechend bestimmt auch § 46 I StGB, daß die Schuld des Täters Grundlage für die Zumessung der Strafe sein soll. Die Strafe hat in einem gerechten Verhältnis zur Schwere der Tat und zum Maß der Schuld des Täters zu stehen; die verhängte Strafe darf die Schuld des Täters aber nicht übersteigen[174]. Entsprechend der erheblichen Bedeutung des Schuldausgleiches hat auch der BGH in der schon erwähnten Entscheidung[175] darauf abgestellt, daß die Ersatzfreiheitsstrafe eine Strafe sei, die dem Unrechtsgehalt der Tat und der Schuld des Täters entsprechen müsse.

Es ist sicherlich richtig, daß die Ersatzfreiheitsstrafe schuldausgleichend wirkt. Der Vorzug der Ersatzfreiheitsstrafe gegenüber einer wie auch immer ausgestalteten Beugehaft[176] liegt darin begründet, daß sie die Schuld des Täters tilgt, soweit sie verbüßt ist[177], mit der Folge, daß sich die Geldstrafe insoweit erledigt. Denn eine nicht schuldtilgende Ersatz-„Strafe“ brächte eine

---

[173] Zum Sinn einer Strafrestaussetzung vgl. unten D II 4 d).

[174] *BVerfG* NJW 1977, 1525, 1532.

[175] *BGHSt* 20, 13, 16; vgl. auch *Mittelbach*, NJW 1957, 1138.

[176] Für die Einführung einer solchen Beugehaft hat sich *Eb. Schmidt*, NJW 1967, 1929, 1938 ausgesprochen, zuletzt auch *Grebing*, ZStW 88, 1049, 1111 f; *ders.* in *Jescheck/Grebing*, S. 1338 sowie JR 1981, 1, 4. Während in fast allen Ländern der deutschen Regelung im Grundsatz vergleichbaren Regelung bestehen, bildet Frankreich die einzige Ausnahme: Als Gegenstück zur Ersatzfreiheitsstrafe gibt es mit der „contrainte par corps“ noch die alte zivilrechtliche Form der Erzwingungshaft; vgl. *Teufel/Pradel* in *Jescheck/Grebing*, S. 435 ff.

[177] Dieser Umstand dürfte dazu führen, daß häufig davon ausgegangen wird, daß gleichsam eine tageweise Verbüßung eintritt.

erhebliche soziale Problematik mit sich. Häufig wird es sich nur schwer feststellen lassen, ob ein Geldstrafenschuldner – ohne sein Verschulden – tatsächlich nicht in der Lage ist, die Geldstrafe zu bezahlen. Die Gefahr ist groß, daß Geldstrafenschuldner Haft zu erleiden haben, ohne tatsächlich die Geldstrafe entrichten zu können. Unter Gerechtigkeitsgesichtspunkten ist es von daher nur zu begrüßen, wenn durch die Haft auch die Geldstrafe getilgt wird.

Mag man auch unterschiedlicher Meinung darüber sein, ob der Umrechnungsmaßstab von § 43 StGB nicht möglicherweise das Schuldprinzip verletze – eine Frage, der hier nicht näher nachgegangen werden soll[178] – , so ist doch zunächst festzuhalten, daß das wesentliche und typische einer Strafe, eben die schuldangemessene Vergeltung für tatbestandlich umgrenztes, schuldhaft verursachtes Unrecht auch bei der Ersatzfreiheitsstrafe vorzufinden ist. Die aufgezeigte soziale Problematik, die entsteht, wenn die Ersatz-„Strafe" lediglich eine wie auch immer ausgestaltete Beugehaft wäre, zeigt aber auch, daß der Strafcharakter der Ersatzfreiheitsstrafe in gewisser Weise zwingend ist. Nur durch die Beimessung einer Strafwirkung lassen sich Unbilligkeiten bei der Vollstreckung der Ersatzfreiheitsstrafe vermeiden.

### *b) „Positive" und „negative" Generalprävention*

Neben dem Schuldausgleich soll Strafe auch generalpräventive Wirkungen entfalten: Der positive Aspekt der Generalprävention wird dabei gemeinhin in der Erhaltung und Stärkung des Vertrauens der Bevölkerung in die Bestands- und Durchsetzungskraft der Rechtsordnung gesehen[179]. Es gehört zu den Aufgaben der Strafe, das Recht gegenüber dem vom Täter begangenen Unrecht durchzusetzen, um die Unverbrüchlichkeit der Rechtsordnung vor der Rechtsgemeinschaft zu erweisen und so die Rechtstreue der Bevölkerung zu stärken[180].

Gerade in der Bewährung der Rechtsordnung wird neben dem gerechten Schuldausgleich eine der Hauptaufgaben der Ersatzfreiheitsstrafe gesehen. Bei den Beratungen im Rahmen der Großen Strafrechtsreform ist gegen die Forderung, die Ersatzfreiheitsstrafe abzuschaffen[181], immer wieder herausgestellt worden, daß es Sinn und Zweck der Ersatzfreiheitsstrafe sei, den Strafcharakter der Geldstrafe zu erhalten und damit die Bewährung der Rechtsordnung zu sichern[182]. Eine Rechtsordnung könne es nicht hinnehmen, wenn eine

---

178 Vgl. hierzu *Tröndle,* LK, § 43 Rn 4 m. w. Nw. sowie *Grebing* in *Jescheck/Grebing,* S. 149; dagegen *Horn,* JR 1977, 95, 100.

179 *BVerfG* NJW 1977, 1525, 1531; *BGHSt* 24, 40, 46.

180 *BVerfG* NJW 1977, 1525, 1531, zur sog. „Normstabilisierungstheorie" vgl. *Jakobs,* S. 3 - 8 m.w.Nw.

181 So *Eb. Schmidt,* NJW 1967, 1929, 1938; *ders.* Nd. Bd. I, S. 176 Fn 305.

182 RegE 1962, Begründung S. 173.

strafbare Handlung ohne fühlbare Sanktion bleibe. Der einzelne solle wissen, daß ein strafrechtlich relevantes Fehlverhalten nicht ohne Folgen bleibe. Damit ist auch der „negative" Aspekt der Generalprävention angesprochen: Die Strafe soll eine Wirkung auf die Allgemeinheit im Sinne einer Abschreckung anderer entfalten, die in Gefahr sind, ähnliche Straftaten zu verüben[183].

Auch dieser generalpräventiven Funktion kann die Ersatzfreiheitsstrafe gerecht werden. Durch ihre Vollstreckung wird deutlich, daß kriminelles Verhalten nicht ohne Folgen bleibt. Zwar zeigen empirische Untersuchungen immer deutlicher, daß es zweifelhaft ist, ob tatsächlich eine abschreckende Wirkung auf andere durch die Bestrafung erzielt werden kann, diesen Untersuchungen ist aber im Hinblick auf ihre methodische Zuverlässigkeit, Verallgemeinerungsfähigkeit und damit Aussagefähigkeit mit Vorsicht zu begegnen[184]. Nach dem derzeitigen Wissensstand ist auch die Generalprävention ein legitimer Aspekt staatlicher Strafen. Auch diesem wird – wie gezeigt – die Ersatzfreiheitsstrafe gerecht.

### *c) „Positive" und „negative" Spezialprävention*

Die Frage aber ist, und dies ist bisher wenig in Rechtsprechung und Literatur erörtert, inwieweit der Ersatzfreiheitsstrafe eine (besondere) spezialpräventive Wirkung zukommen soll. Spezialprävention in negativer Hinsicht meint damit die individuelle Abschreckung des Täters durch die Strafe, in positiver Hinsicht eine Einwirkung auf den Täter mittels Resozialisierung. Obwohl der Begriff der Resozialisierung häufig gebraucht wird, ist es doch wenig deutlich, was darunter konkret zu verstehen ist[185]. Allgemein wird man sagen können, dem Inhaftierten sollen Fähigkeiten und Willen zu verantwortlicher Lebensführung vermittelt werden. Er soll lernen, sich unter den Bedingungen einer freien Gesellschaft ohne Rechtsbruch zu behaupten, ihre Chancen wahrzunehmen und ihre Risiken zu bestehen[186].

Der BGH hat in einer Entscheidung[187] den spezialpräventiven Aspekt der Ersatzfreiheitsstrafe behandelt und dabei herausgestellt, daß der Ersatzfreiheitsstrafe auch eine spezialpräventive Wirkung zukomme. Er stellte dabei fest, daß die Spezialprävention bei Ersatzfreiheitsstrafe und Freiheitsstrafe von verschiedener Schwere und Wirkung sei. Näher ausgeführt hat er dieses jedoch nicht. Betrachtet man die spezialpräventiven Wirkungen der Ersatzfreiheitsstrafe, so ist zunächst von folgendem auszugehen: Soweit Strafe auf

---

183 *BVerfG* NJW 1977, 1525, 1531; *BGHSt* 24, 40, 44.

184 Vgl. hierzu *BVerfG* NJW 1977, 1525, 1531.

185 Instruktiv *Kaiser/Kerner/Sack/Schellhoss,* „Rehabilitation, Resozialisierung".

186 *BVerfGE* 35, 202, 235; vgl. auch § 2 StVollzG.

187 *BGHSt* 27, 90, 91; vgl. auch *Zipf,* JR 1974, 430, 432, der die individuelle Abschreckungswirkung der Ersatzfreiheitsstrafe hervorhebt.

den Täter individuell abschreckend wirken soll, kommt der Ersatzfreiheitsstrafe sicherlich eine entsprechende Funktion zu[188]. Durch die Vollstreckung der Ersatzfreiheitsstrafe wird dem Verurteilten, bei dem die Geldstrafe keine Wirkung entfaltet hat, deutlich gemacht, daß das von ihm gezeigte kriminelle Verhalten nicht hingenommen wird, und daß er bei erneutem Fehlverhalten mit weiteren Sanktionen zu rechnen habe[189]. Insofern wird auch dem Gedanken der spezialpräventiven Einwirkung auf den Täter mittels der Strafe Rechnung getragen.

Die Frage ist aber, ob und ggfs. wie die Ersatzfreiheitsstrafe positiv – mittels Resozialisierung – auf den Täter einwirken soll. Offensichtlich wird dabei ganz überwiegend davon ausgegangen, daß der Ersatzfreiheitsstrafe ebensowenig wie der Geldstrafe ein eigener Resozialisierungsgehalt zukomme[190]. Ob dies aber so richtig ist, muß insbesondere angesichts der eingangs der Arbeit[191] wiedergegebenen empirischen Untersuchungen einer Überprüfung unterzogen werden. Betrachtet man die soziale und wirtschaftliche Lage vieler Ersatzfreiheitsstrafenverbüßer, aber auch die teilweise erhebliche kriminelle Belastung dieser Personen[192], erscheint es nicht ohne weiteres verständlich, wenn man die Ersatzfreiheitsstrafe von vornherein als Mittel, dem Delinquenten helfend zur Seite zu treten, verneint und in spezialpräventiver Hinsicht nur ihre abschreckende Wirkung im Auge hat.

Zu diesem positiven Aspekt der Spezialprävention sind noch einige grundsätzliche Bemerkungen zu machen: Lange Zeit, man kann sagen bis in die sechziger Jahre hinein, war die Diskussion um den Sinn von Strafe weitgehend durch die bisher erörterten Strafzwecke geprägt. Im Rahmen der Beratungen zur Großen Strafrechtsreform stand etwa die Frage im Mittelpunkt, inwieweit ein Freiheitsentzug zur Verteidigung der Rechtsordnung zulässig sei[193]. Seit Ende der sechziger und vor allem in den siebziger Jahren hat der Gesetzgeber aber gleich durch eine ganze Reihe von gesetzgeberischen Aktivitäten dem Gedanken der Spezialprävention Bedeutung beigemessen. Was den Bereich des Strafgesetzbuches anbelangt, hat er versucht, kurzfristige Freiheitsstrafen zurückzudrängen, die Strafaussetzung zur Bewährung auszudehnen und das Maßregelrecht zu verbessern. Er hat schließlich ein Strafvollzugsgesetz verabschiedet, welches in § 2 als Aufgabe des Vollzuges einer Freiheitsstrafe bestimmt, daß der Gefangene fähig werden soll, künftig in sozialer Verant-

---

188 Im Rahmen des Gesetzgebungsverfahrens hat *Schäfer,* Nd. Bd. I, S. 177 dieses herausgestellt.

189 Zur Frage, inwieweit ein Freiheitsentzug tatsächlich abschrekkend wirkt und damit zur Senkung der Rückfallkriminalität beiträgt, vgl. *Albrecht/Dünkel/Spiess,* MschrKrim 1981, 310, 321 m.w.Nw.

190 So ausdrücklich etwa *Peters,* JR 1976, 519 f.

191 Vgl. oben Fn 3.

192 Vgl. ausführlich unten D II 3 a).

193 Vgl. hierzu *Payer* sowie die Entscheidung in *BGHSt,* 24, 40.

wortung ein Leben ohne Straftaten zu führen[194]. Durch eine Vielzahl von Maßnahmen, wie Einrichtung des offenen Vollzuges, Einführung sozialtherapeutischer Anstalten sowie durch zahlreiche Einzelregelungen soll der Vollzug einer Strafe resozialisierungsfreundlich ausgestaltet werden. In all diesen Maßnahmen hat der Gedanke der positiven Spezialprävention deutlichen Ausdruck gefunden[195].

Was die Ersatzfreiheitsstrafe anbelangt, ist nun folgendes zu erörtern:

Horn[196] hat einen Grundsatz des Strafrechts dahingehend formuliert, daß die jeweilige Sanktion immer mit den entsprechenden „Umständen in der Person des Verurteilten" übereinstimmen müsse. Als Beispiel hat er den Fall des § 57 StGB angeführt: Es habe eine vorzeitige Entlassung aus der Haft zu erfolgen, wenn eine Strafrestaussetzung bei Vorliegen der Voraussetzungen des § 57 I StGB verantwortbar sei[197]. Umgekehrt ist nun zu fragen, ob nicht der Sinn der Ersatzfreiheitsstrafe gerade darin bestehe, wenn die Geldstrafe keine Wirkung bei dem Verurteilten gezeigt hat, mit dem härteren Mittel des Freiheitsentzuges eine Einwirkung auf den Täter zu versuchen[198]. Der „härtere" Eingriff besteht zum einen darin, daß dem nichtzahlenden Geldstrafenschuldner ein besonders unangenehmes Übel – eben der Freiheitsentzug – auferlegt wird, er könnte aber auch darin liegen, daß auf ihn zunächst mit den Mitteln des Strafvollzuges, dann aber auch über mögliche Bewährungsmaßnahmen bessernd eingewirkt wird. Dabei könnte der Ersatzfreiheitsstrafe eine wichtige Funktion zur Zurückdrängung kurzfristiger Freiheitsstrafen zukommen, und zwar in dem Sinne, daß der Richter veranlaßt werden könnte, zunächst mit der Verhängung einer Geldstrafe eine Einwirkung auf den Täter zu versuchen. Schlägt dies fehl, könnte dann doch noch eine Einwirkung durch einen Freiheitsentzug – in Form der Ersatzfreiheitsstrafe – stattfinden[199, 200].

---

194 Das StVollzG unterscheidet dabei nicht zwischen Freiheitsstrafe und Ersatzfreiheitsstrafe.

195 In letzter Zeit ist wiederholt eine Abkehr von der Behandlungsideologie gefordert worden, ausgehend insbesondere von den skandinavischen Ländern. Hier muß aber festgestellt werden, daß dieses zum Teil nur deklaratorisch bekundet oder verbal geäußert wird. Die Vollzugspraxis besteht gerade auch in den skandinavischen Ländern unverändert auf eine Resozialisierung des Täters hin gerichtet fort. Grundsätzlich ist die Forderung zu erheben, daß Menschen, die im Gefängnis ihre Strafe verbüßen müssen, ein Maximum an Behandlung zur Verbesserung ihrer allgemeinen Bedingungen erhalten sollten. Inwieweit hier Erfolge zu erzielen sind, hängt nicht zuletzt von effektiven Behandlungskonzepten ab, die zum großen Teil erst noch zu entwickeln sind. Vgl. hierzu *Kaiser* (1983), S. 214 f, 244 ff.

196 *Horn*, MDR 1981, 13 Fn 2.

197 Als weiteres Beispiel führt Horn den Fall von § 56 e StGB an.

198 *Finkler*, S. 113 stellt in einer rechtsvergleichenden Untersuchung fest, daß in vielen Ländern die im Strafensystem des betreffenden Landes nächstschwerere Strafart festgesetzt wird.

199 Was häufig als übel angesehen wird, daß nämlich durch die Vollstreckung der Ersatzfreiheitsstrafe die kurzfristige Freiheitsstrafe gleichsam durch die Hintertür wie-

### aa) Die Präventionstheorie Thyréns

Zumindest historisch interessant ist unter dem Aspekt der Zurückdrängung kurzfristiger Freiheitsstrafen die zu Anfang des Jahrhunderts von Thyrén[201] entwickelte Präventionstheorie.

Wegen der überwiegend schädlichen Auswirkungen, insbesondere der kurzen Freiheitsstrafen, sprach Thyrén[202] sich dagegen aus, Freiheitsstrafen direkt zu verhängen, sofern nicht die (kurze) Freiheitsstrafe wegen der kriminellen Energie des Täters unerläßlich war. Grundsätzlich sollte durch eine indivdualpräventive Abschreckung mittels der Geldstrafe versucht werden, eine Wirkung bei dem Täter zu erzielen. Wenn sich die Vollstreckung der Geldstrafe so einrichten lasse, daß ihre Zahlung fast immer dem Verurteilten, der wirklich zahlen wolle, möglich sei, so sei es zulässig, gegen den, der nicht zahlen wolle, verhältnismäßig streng vorzugehen. Das auf Geldstrafe lautende Urteil sei gewissermaßen ein Prüfstein für die Sozialgefährlichkeit des Verurteilten. Bemühe er sich, seine Schuld der Gesellschaft zu sühnen, so spreche dies dafür, daß sein Verbrechenswille nicht gefährlicher Art sei. Das Verhalten des Nichtzahlenden zeige aber, daß eine besondere Einwirkung – eben mittels eines Freiheitsentzuges – notwendig sei[203]. Um bei dem böswillig Nichtzahlenden den notwendigen Einwirkungsbedarf durch den Freiheitsentzug feststellen zu können, schlug Thyrén vor, die dann zu verbüßende Umwandlungsstrafe in einem eigenen Verfahren festzusetzen[204]. Eine Festsetzung der Umwandlungsstrafe im Urteil hielt Thyrén nicht für sinnvoll, da sich zum Zeitpunkt der Urteilsfällung die tatsächlich notwendige Einwirkungsdauer nicht sicher bestimmen lasse.

---

der eingeführt wird, vgl. hierzu *Albrecht* (1980), S. 316 ff, könnte dann Sinn erhalten, dies allerdings nur unter bestimmten Umständen, auf die einzugehen sein wird.

200 Die folgenden Überlegungen laufen in gewisser Weise der allgemein erhobenen Forderung entgegen, die Ersatzfreiheitsstrafe zurückzudrängen, nach Möglichkeit abzuschaffen. Es sei von daher betont, daß auch hier von den schädlichen Wirkungen gerade des Kurzstrafenvollzuges ausgegangen wird. Es gilt alles daran zu setzen, einen Freiheitsentzug durch Ausarbeitung alternativer Maßnahmen zu vermeiden. Es wird aber auch davon auszugehen sein, daß nicht jeder Delinquent von den Arbeitsprojekten erreicht werden kann. Häufig wird er weder die Geldstrafe aufzubringen vermögen noch gemeinnützige Arbeit zu leisten. Fehlhaltungen werden derart stark ausgeprägt sein, daß Hilfen an sich dringend erforderlich wären. Hier stellt sich die Frage, ob nicht auch die Vollstreckung der Ersatzfreiheitsstrafe Anknüpfungspunkt für derartige Maßnahmen sein kann.

201 Zur Person von Thyrén ist zu sagen, daß er Anfang dieses Jahrhunderts in Schweden Reichsjustizminister war. Auf ihn gehen eine ganze Reihe von Reformen in Schweden zurück. So führte er u.a. 1931 das Tagesbußensystem ein; vgl. *Cornils* in *Jescheck* (1983), S. 788 ff.

202 *Thyrén*, S. 73.

203 *Thyrén*, S. 80 f.

204 *Thyrén*, S. 82.

### bb) Die Bedeutung der Spezialprävention

Die von Thyrén angenommene „Sozialgefährlichkeit“ von Geldstrafenschuldnern wird in gewisser Weise durch neuere Untersuchungen bestätigt. So hat Albrecht in einer breit angelegten Untersuchung festgestellt, daß Personen, welche die Geldstrafe nicht bezahlen und die Ersatzfreiheitsstrafe zu verbüßen haben, erheblich mit kriminogenen Faktoren belastet sind. Diese Personen sind häufig schon mehrfach vorbestraft, und von ihnen sind auch in Zukunft erneut Straftaten zu erwarten[205]. Albrecht kommt dabei zu dem Ergebnis, daß die Ersatzfreiheitsstrafenverbüßer, was deren sozial- bzw. legalbiographische Daten anbelangt, nicht mit den „normalen“ Geldstrafenschuldnern vergleichbar sind, sondern eher mit den Personen, gegen die von vornherein eine Freiheitsstrafe verhängt worden ist. Dieser empirische Befund läßt die Frage, ob bei einer Uneinbringlichkeit der Geldstrafe nicht die Regeln über die Freiheitsstrafenvollstreckung zur Anwendung kommen sollten, in einem besonderen Licht erscheinen. Die Anwendung der Vorschriften über die Freiheitsstrafenvollstreckung ließe sich auch dadurch rechtfertigen, daß die Entscheidung des Richters einer Korrektur in dem Sinne bedarf, daß die Geldstrafe zurücktritt und an ihre Stelle die Freiheitsstrafe rückt.

Es ist aber die Frage, ob eine derartige Ersetzung der Geldstrafe durch die Ersatzfreiheitsstrafe dem deutschen Recht zugrunde liegt. Zur Beantwortung dieser Frage soll zunächst ein Blick in die Geschichte geworfen werden[206]:

#### (1) Der Einfluß der Spezialprävention im historischen Kontext

Die Präventionstheorie Thyréns fiel in eine Zeit, als der Kampf gegen die kurzfristige Freiheitsstrafe generell und gegen die Ersatzfreiheitsstrafe im besonderen schon voll entbrannt war. Schon vor 100 Jahren bemerkte v. Liszt[207]: „Ist aber die Geldstrafe thatsächlich uneinbringlich, so darf in keinem Falle kurzzeitige Freiheitsstrafe an ihre Stelle treten. Denn das hieße den ärmsten Teil unserer Bevölkerung, an welchen die Versuchung zur Begehung strafbarer Handlungen ohnedies am häufigsten und am drängendsten herantritt, von Staats wegen entsittlichen und in die Bahn des Verbrechens werfen . . .“

Und einige Jahre später schrieb Goldschmidt[208]: „Mit der heute in der Wissenschaft weitaus überwiegenden Ansicht ist die Umwandlung nicht beitreib-

---

[205] Zu den einzelnen Ergebnissen seiner Untersuchung vgl. ausführlich unten D II 3 a).

[206] Zur geschichtlichen Entwicklung der Ersatzfreiheitsstrafe vgl. *Adams* (1912); *Grebing* in *Jescheck/Grebing,* S. 144 f.

[207] *v. Liszt,* ZStW 10 (1890), 51, 68.

[208] *Goldschmidt,* S. 408 f.

barer Geldstrafen in Freiheitsstrafe (der Satz „qui non habet in aere, luat de corpore") zu verwerfen. Sie schlägt der sozialen Gerechtigkeit ins Gesicht und stumpft das Ehrgefühl der ärmeren Klassen und ihre Scheu vor der Freiheitsstrafe in verhängnisvollster Weise ab, zumal, wenn die subsidiäre Freiheitsstrafe, wie nach RStrGB. 29 so bemessen wird, daß ihr Absitzen regelmäßig ein gutes Geschäft ist. Zudem sind Geld- und Freiheitsstrafe ganz inkommensurabel. Auch für die Arbeitsunfähigen ist m.E. keine Ausnahme zu machen."

Aus diesen Äußerungen wird die Grundhaltung zunächst zum kurzfristigen Freiheitsentzug deutlich: Seit dem im Jahre 1882 veröffentlichten „Marburger Programm"[209] besteht weitgehend Einigkeit dahingehend, daß kurzfristige Freiheitsstrafen vermieden werden sollten, da die schädlichen Wirkungen des Kurzstrafenvollzuges die positiven Effekte des Freiheitsentzuges weit überwögen[210].

Auch der deutsche Gesetzgeber hat sich nach anfänglichem Zögern[211] dazu entschlossen, nach Möglichkeit auf kurzfristige Freiheitsstrafen zu verzichten. Er war der Ansicht, daß kurzfristige Freiheitsstrafen – im Bereich bis zu etwa sechs Monaten – kriminalpolitisch wenig Sinn hätten, da die kurze Vollzugszeit zu einer wirksamen Beeinflussung der Strafgefangenen nicht ausreiche. Trotz der erkannten schädlichen Folgen eines Freiheitsentzuges meinte man aber, auf die kurzfristige Freiheitsstrafe nicht generell verzichten zu können. Begründet wurde dies damit[212], daß praktisch kein ausländischer Staat bisher auf kurzfristige Freiheitsstrafen verzichtet hatte. Es bestand die Auffassung, daß weder die Geldstrafe noch die Arbeitsauflage, auch nicht eine Änderung des Nebenstrafrechts einen vollen Ersatz für kurzfristige Freiheitsstrafen darstellen könnten[213]. Was die Ersatzfreiheitsstrafe anbelangte, so standen generalpräventive Überlegungen im Vordergrund. Man war der Ansicht, daß auf die Ersatzfreiheitsstrafe als Mittel zur Durchsetzung der Geldstrafe nicht verzichtet werden könne. Hinter der Geldstrafe müsse im Falle ihrer Uneinbringlichkeit eine andere Maßnahme stehen. Eine Rechtsordnung könne es nicht hinnehmen, wenn eine strafbare Handlung ohne fühlbare Sanktion bleibe.

Allerdings hat es auch Überlegungen gegeben, der Ersatzfreiheitsstrafe eine eigenständige spezialpräventive Bedeutung zu geben. So sind in der von 1967 – 71 tagenden Strafvollzugskommission Überlegungen angestellt worden, ob man nicht eine Ersatzfreiheitsstrafe erst vollstrecken sollte, wenn sechs Monate Ersatzfreiheitsstrafe zu verbüßen seien, um überhaupt die Chance

---

[209] *v. Liszt,* ZStW 3, 1 ff.

[210] Während in Deutschland ganz überwiegend von der Schädlichkeit des Kurzstrafenvollzuges ausgegangen wird, haben andere Länder eine wesentlich positivere Einstellung zur kurzen Freiheitsstrafe; vgl. *Jescheck* (1983), S. 2039 ff; *Kaiser* (1983), S. 114; *Cremers,* BewHi 1985, 135; *Weigend,* JZ 1986, 260, 262.

[211] Vgl. die Vorstellungen des RegE 1962 zur Strafhaft (§ 47 des Entwurfs).

[212] BT-Drucks. V/4094, S. 5 f.

[213] BT-Drucks. V/4094, S. 5 f.

einer resozialisierenden Wirkung durch den Strafvollzug zu erhalten[214]. Der Gesetzgeber hat sich aber aus den genannten Gründen nicht zu einer Einschränkung der Vollstreckbarkeit von Ersatzfreiheitsstrafen entschließen können. Man meinte, die Effektivität der Geldstrafenreform durch eine konsequent zu vollstreckende Ersatzfreiheitsstrafe sichern zu müssen.

### (2) Die Berücksichtigung spezialpräventiver Erwägungen bei der Strafzumessung

Es sprechen auch weitere Gründe dafür, daß der Ersatzfreiheitsstrafe in spezialpräventiver Hinsicht kaum Bedeutung zukommt.

Dies zeigt zunächst ein Blick auf den Strafzumessungsvorgang. Die Höhe der Ersatzfreiheitsstrafe ist kein Resultat spezialpräventiver Überlegungen, sondern Folge der verhängten Geldstrafe. Bei der Strafzumessung der Geldstrafe hat es der BGH für zulässig erachtet, wenn der Richter bei der Festlegung der Tagessätze die hypothetische Überlegung anstellt, wieviel Tage Freiheitsstrafe die abzuurteilende Tat dieses Täters „wert" sei[215]. Auch wird teilweise gemeint, daß dann, wenn es voraussichtlich zur Vollstreckung der Ersatzfreiheitsstrafe kommen werde, der Versuch gemacht werden könne, schon bei der Festsetzung der Zahl der Tagessätze Präventionsziele ins Auge zu fassen[216].

Dies ist aber nun nicht so zu verstehen, daß spezialpräventive Erwägungen bei der Strafzumessung Platz greifen würden. Der BGH hatte in der angeführten Entscheidung den Gesichtspunkt des gerechten Schuldausgleichs im Auge. Spezialpräventive Überlegungen waren damit nicht verbunden. Die Erwägungen etwa von Horn sind geprägt von dem Gedanken, durch die Berücksichtigung der Ersatzfreiheitsstrafe und durch die Vermeidung einer überhöhten Ersatzfreiheitsstrafe einer drohenden Entsozialisierung[217] des Täters durch den Strafvollzug vorzubeugen[218]. In den Fällen, in denen die Vollstreckung der Ersatzfreiheitsstrafe voraussehbar ist, wird man dem auch zustimmen können, obwohl sich in diesen Fällen die Frage stellen müßte, ob die Geldstrafe die angemessene Sanktion ist, ob nicht zur Einwirkung auf den Täter eine

214 Vgl. *Peters,* Niederschriften über die Beratungen Bd. I, S. 60, 146 Nr. 2 sowie Bd. IV, S. 143; vgl. ferner *Payer,* S. 177 ff, der erst eine (Ersatz-)Freiheitsstrafe von neun Monaten vollstrecken wollte, sowie *Hohmann,* S. 117; sehr kritisch zu diesen Überlegungen *Tröndle,* MDR 1972, 461, 466.

215 *BGHSt* 27, 70, 72 im Anschluß an *Horn,* SK, § 40 Rn 4 sowie NJW 1974, 625 und JR 1977, 95, 100; vgl. in diesem Sinne auch BT-Prot. 5/S. 2174; sehr kritisch im Hinblick auf eine Unvergleichbarkeit von Geld- und Freiheitsstrafe *Tröndle,* LK, vor § 40 Rn 2; *Grebing,* ZStW 88, 1049, 1111; *Jescheck,* ZStW 80, 54, 65; *Bruns,* S. 77; ausführlich zu der Frage der „Autonomie der Geldstrafe" *Fleischer,* S. 24 ff.

216 *Horn,* SK, § 40 Rn 4, 13; vgl. auch *Vogler,* JR 1978, 353, 355.

217 Zur Bedeutung dieses Gesichtspunktes vgl. *BGHSt* 26, 325, 329f.

218 *Horn,* SK, § 40 Rn 13.

bedingte Freiheitsstrafe verhängt werden sollte[219]. Dies hätte den Vorteil, daß sich durch die Verhängung einer Freiheitsstrafe das Instrumentarium der §§ 56 a ff StGB eröffnen würde, vor allem aber, daß nicht der Automatismus eines Freiheitsentzuges eintritt, wenn die Geldstrafe nicht bezahlt wird, da der Richter einen Spielraum bei der Entscheidung hat, ob er die Strafaussetzung widerrufen will (§ 56 f StGB)[220]. Hat sich der Richter aber entschlossen, gegen den Täter nur eine Geldstrafe zu verhängen, so erscheint es auch als berechtigt, wenn er für den Fall, daß der Verurteilte doch die Ersatzfreiheitsstrafe zu verbüßen hat, die Überlegung anstellt, wie viele Tage Haft der Täter höchstens verbüßen sollte, um so einen überlangen Freiheitsentzug zu vermeiden. Eine besondere Einwirkung auf den Täter im Sinne einer Resozialisierung ist durch diese Strafzumessungserwägung aber nicht beabsichtigt.

Es ist im übrigen auch angesichts der Unsicherheiten, inwieweit der Geldstrafenschuldner tatsächlich noch die Ersatzfreiheitsstrafe zu verbüßen hat, kaum möglich, schon bei der Verhängung der Geldstrafe den erforderlichen Einwirkungsbedarf durch einen Freiheitsentzug auf den Verurteilten sicher zu bestimmen. Ob der Geldstrafenschuldner die Ersatzfreiheitsstrafe zu verbüßen hat, hängt z.B. davon ab, inwieweit er zumindest teilweise die Geldstrafe bezahlt hat, ob er möglicherweise zum Teil gemeinnützige Arbeit geleistet hat. Ist der Einwirkungsbedarf schon bei der Verhängung einer Freiheitsstrafe kaum bestimmbar[221], so ist dies bei der Verhängung der Geldstrafe schier unmöglich.

Problematisch ist dabei nicht zuletzt der feste Umrechnungsmaßstab des § 43 StGB: Durch die Anknüpfung der Ersatzfreiheitsstrafe an die Geldstrafe nach einem festen Umrechnungsschlüssel ist ein Abstellen auf die individuel-

---

[219] Im internationalen Vergleich ist festzustellen, daß der Anteil der Verurteilungen zu Geldstrafe an den Gesamtverurteilungen sehr hoch liegt (ca. 84 %) vgl. die Übersicht bei *Kaiser* (1983), S. 228 ff. Zur Wahl zwischen Geld- und Freiheitsstrafe vgl. *Dreher-Tröndle,* § 47 Rn 2 ff; *Schönke/Schröder/Stree,* § 47 Rn 10 ff; *Hirsch,* LK, § 47 Rn 10 ff; *Horn,* SK, § 47 Rn 8. Zur Frage, wann bei einer Zahlungsunfähigkeit bzw. Zahlungsunwilligkeit die Verhängung einer Freiheitsstrafe berechtigt ist, vgl. *Hirsch,* LK, § 47 Rn 26; *Horn,* SK, § 47 Rn 27; *Meyer,* SchlHA 1977, 111. Nach Einführung der gemeinnützigen Arbeit sollte bei der Verhängung einer Freiheitsstrafe besondere Zurückhaltung geübt werden, weil die gemeinnützige Arbeit einmal schuldausgleichend wirken, zum anderen aber auch erhebliche resozialisierende Effekte haben kann; vgl. *Huber,* JZ 1980, 638, 642; *Pfohl,* S. 168.

[220] Vgl. aber auch *Albrecht* (1980), S. 317, der darauf hinweist, daß dann, wenn der Richter Bewährungsauflagen erteilt hat, diese aber nicht erfüllt werden, häufig ein Widerruf der Strafaussetzung wegen Verstoßes gegen die erteilten Auflagen erfolgt. Insofern würde auch die vermehrte Verhängung einer bedingten Freiheitsstrafe letztlich nicht zu einer Vermeidung der kurzen Freiheitsstrafe führen. D.h. aber auch, daß in den Fällen, in denen der Richter es für erforderlich erachtet, dem Verurteilten unmittelbar ein Übel zukommen zu lassen, es sinnvoll erscheint, auf die Geldstrafe zurückzugreifen. Notwendig sind aber in jedem Falle ausreichende Möglichkeiten zur Vermeidung des Freiheitsentzuges, etwa in Form der Arbeitsprojekte.

[221] Vgl. hierzu nur *Horn,* SK, § 46 Rn 6.

len Verhältnisse des Täters und auf den bei ihm vorhandenen Einwirkungsbedarf kaum möglich. Hat man eine solche Einwirkung auf den Täter im Auge, so ist es nur konsequent, wie Thyrén es auch in seiner Präventionstheorie vorgesehen hat, ein Gericht in einem gesonderten Verfahren über die Dauer der Ersatzfreiheitsstrafe nach freiem, pflichtgemäßem Ermessen entscheiden zu lassen[222]. Dies ist aber nicht geltendes Recht.

(3) Der Sinn eines kurzfristigen Freiheitsentzuges

Daß eine Resozialisierung mit dem Vollzug der Ersatzfreiheitsstrafe nicht beabsichtigt ist, ergibt sich schließlich auch daraus, daß bei einem kurzfristigen Freiheitsentzug, sieht man von der abschreckenden Wirkung desselben ab, eine positive Beeinflussung des Täters kaum möglich erscheint[223].

Wenn allerdings gemeinhin von der Schädlichkeit des Kurzstrafenvollzuges ausgegangen wird, so ist doch eine gewisse Einschränkung zu machen: Die Behandlungsforschung steckt noch in der Anfangsphase. Es sind bisher kaum Modelle entwickelt worden, die erkennen ließen, wie der Kurzstrafenvollzug sinnvoll ausgestaltet werden könnte. Die bisher betriebenen Forschungen bezogen sich weitgehend auf längere Freiheitsstrafen, da die Auffassung vorherrscht, daß bei dieser Freiheitsstrafe eher eine positive Einwirkung durch den Strafvollzug möglich sein müsse. Die These von der Sozialschädlichkeit der kurzen Freiheitsstrafe dürfte so tief verwurzelt sein, daß man von vornherein annimmt, positive Wirkungen von einem kurzfristigen Freiheitsentzug seien nicht zu erwarten. Von Bedeutung dürfte auch sein, daß die Hoffnung vorherrscht, kurze Freiheitsstrafen überhaupt zurückdrängen zu können. Infolgedessen wird auf die Erarbeitung wirkungsvoller Behandlungskonzepte kaum Wert gelegt[224].

Dies ist jedoch unbefriedigend. Es muß davon ausgegangen werden, daß noch lange Zeit kurze Freiheitsstrafen vollstreckt werden müssen[225]. Dabei

---

222 In diesem Sinne auch *Grebing* in *Jescheck/Grebing,* S. 1330 f.

223 Von der Schädlichkeit der kurzen Freiheitsstrafe wird ganz überwiegend ausgegangen; zu den positiven und negativen Wirkungen der kurzen Freiheitsstrafe vgl. *Lenckner,* JurA 1971, 3; *Stenner,* S. 85 ff; *Knaus,* S. 122 ff; *Quensel,* S. 289, 299; zur Rückfälligkeit nach einem kurzen Freiheitsentzug vgl. *Stenner,* S. 69; *Knaus,* S. 73, 116; *Kiwull,* S. 66; *Albrecht* (1982), S. 202; *Klotz,* S. 15 ff.

224 Vgl. zum ganzen *Jung,* S. 9 f.

225 Ein sinnvoll ausgestalteter Kurzstrafenvollzug hätte auch zur Folge, daß man häufiger auf längere Freiheitsstrafen verzichten könnte. Neuere Untersuchungen scheinen nämlich darauf hinzudeuten, daß auch bei einem längeren Freiheitsentzug eine positive Einflußnahme durch den Vollzug nur bedingt möglich ist. Insofern ist zu überlegen, ob nicht auch wie in verschiedenen anderen europäischen Ländern anstelle eines längeren Freiheitsentzuges häufiger auf eine kurze Freiheitsstrafe zurückgegriffen werden sollte; vgl. *Kaiser* (1980), S. 296 f; *ders.* (1983), S. 226 ff; *Jescheck* (1983), S. 2050 ff; *Weigend,* JR 1986, 260, 267.

erscheint es auch nicht von vornherein ausgeschlossen, selbst bei einer kürzeren Inhaftierungszeit eine positive Einflußnahme auf den Delinquenten zu erzielen. Als sinnvolle Einzelmaßnahmen böten sich dabei integrationsfördernde Angebote, wie Hilfen zur Konfliktaufarbeitung und soziale Trainingskurse an[226]. Mit den Inhaftierten wäre die Tatmotivation aufzuarbeiten, finanzielle Probleme, Fragen zum Arbeitsplatz und zur Wohnung zu besprechen sowie häufig vorhandene Alkoholprobleme anzugehen. Eine besondere Bedeutung käme gerade auch der Entlassungsvorsorge zu[227]. Ist der Kurzstrafenvollzug auch häufig zu kurz, um größeren Einfluß auf den Täter ausüben zu können, reicht die Zeit aber im Prinzip doch aus, um Kontakte zur Bewährungshilfe und zu sozialen Einrichtungen anzubahnen, um so dem Delinquenten für die Zukunft mehr Sicherheit zu geben[228].

Solche Konzepte sind bei Freiheitsstrafen von einer gewissen Mindestlänge und mit einem festen Entlassungszeitpunkt sinnvoll und wohl auch umsetzbar. Bei der Ersatzfreiheitsstrafenverbüßung tritt aber die Besonderheit auf, daß die Strafe häufig außerordentlich kurz ist, so daß von vornherein eine positive Einflußnahme angesichts der kurzen Vollzugsdauer kaum möglich erscheint.

Des weiteren ist in vollzuglicher Hinsicht außerordentlich mißlich, daß der Ersatzfreiheitsstrafenverbüßer jederzeit durch Zahlung der restlichen Geldstrafe die weitere Vollstreckung der Ersatzfreiheitsstrafe abwenden kann. Dies bedeutet nämlich, daß eine sinnvolle Planung des Vollzuges nicht möglich ist. Beabsichtigt man eine Resozialisierung des Täters mittels des Freiheitsentzuges, so wäre es sinnvoll, Zahlungen auf die Geldstrafe nach Strafantritt nicht mehr zuzulassen. Da aber bislang ein behandlungsorientierter Kurzstrafenvollzug kaum verwirklicht, dies auch in naher Zukunft nicht zu erwarten ist, ist die Möglichkeit, durch Zahlung der Geldstrafe die weitere Vollstreckung der Ersatzfreiheitsstrafe abwenden zu können, sicherlich geboten. Angesichts der Unsicherheiten bezüglich der Vollzugsdauer ist damit festzustellen, daß bei der Ersatzfreiheitsstrafenvollstreckung eine positive Einflußnahme auf den Täter mittels des Strafvollzuges nur sehr bedingt möglich ist.

Damit läßt sich aber zusammenfassend sagen, daß die Ersatzfreiheitsstrafe in spezialpräventiver Hinsicht im Hinblick auf eine Einwirkung auf den Täter mittels des Freiheitsentzuges von ihrer Konzeption her nicht angelegt ist, im

---

226 Vgl. zu diesen Ansätzen für eine Verbesserung des Kurzstrafenvollzuges *Kaiser/Kerner/Schöch*, S. 215; *Bühler*, S. 31, 36 f; *Rößner*, S. 94 ff; *Weigend*, JZ 1986, 260, 261.

227 Gerade die Vorbereitung der Entlassung wird in vielen Ländern als Aufgabe und Ziel des Strafvollzuges angesehen; vgl. *Kaiser* (1983), s. 237 ff; *Sagel-Grande* in *Jescheck* (1983), S. 417; ferner *Quensel*, S. 289, 300 ff; zu Überlegungen, den Freiheitsentzug am Wochenende oder in der Urlaubszeit durchzuführen, vgl. *Quensel*, S. 300 ff; *Schaffmeister*, S. 991, 1005; *Weigend*, JZ 1986, 260, 262.

228 Hierauf weist *Sagel-Grande* in *Jescheck* (1983), S. 417 in einem Bericht über den kurzen Freiheitsentzug in den Niederlanden hin. Nach deutschem Recht kommt aber die Anordnung von Bewährungshilfe bei Personen, die eine Ersatzfreiheitsstrafe zu verbüßen haben, in aller Regel nicht in Betracht; vgl. dazu ausführlich unten S. 101 ff.

übrigen auch kaum geeignet erscheint. Ebensowenig wie der Geldstrafe[229] kommt auch der Ersatzfreiheitsstrafe ein besonderer Resozialisierungsgehalt zu. Somit erscheint aber auch die Feststellung berechtigt, daß an sich eine Restaussetzung verbunden mit Bewährungsmaßnahmen, die im wesentlichen auf eine Wiedereingliederung des Täters gerichtet sind, nicht „paßt".

Welche Auswirkungen hat dies nun auf den eingangs dargestellten Meinungsstreit über das Wesen der Ersatzfreiheitsstrafe?

Die Annahme, daß nicht nur eine tatsächliche, sondern auch eine rechtliche Umwandlung der Geldstrafe in eine (Ersatz-)Freiheitsstrafe stattgefunden habe, ist problematisch, da die Geldstrafe weiterhin bestehen bleibt[230]. Die Feststellung, daß der Vollzug der Ersatzfreiheitsstrafe, abgesehen von der mit ihm verbundenen abschreckenden Wirkung, kaum Bedeutung erlangt, zeigt aber auch, daß die Auffassung[231], die Ersatzfreiheitsstrafe werde gleichsam tageweise verbüßt, nicht sachwidrig ist. Für die Richtigkeit dieser Ansicht ließe sich auch das Tagesbußensystem anführen: Die Geldstrafe wird soweit getilgt, wie entsprechende Tage an Ersatzfreiheitsstrafe verbüßt sind, im übrigen bleibt sie als Rest bestehen. Insofern läßt sich auch sagen, daß bei einer Strafrestaussetzung nicht eine *Aussetzung* des Restes einer Freiheitsstrafe, sondern lediglich ein *Abbruch* der weiteren Vollstreckung erfolge[232]. Daß an die Stelle der Geldstrafe nicht die Ersatzfreiheitsstrafe getreten ist, wird auch dadurch deutlich, daß für den Verurteilten jederzeit, d.h. auch noch nach Strafantritt, die Möglichkeit besteht, durch Zahlung der Geldstrafe die Ersatzfreiheitsstrafe abzuwenden.

In der Möglichkeit, jederzeit die Ersatzfreiheitsstrafe abwenden zu können, zeigt sich gerade ein Wesenszug der Ersatzfreiheitsstrafe, auf den nunmehr näher einzugehen ist.

---

229 Zu den Strafwirkungen der Geldstrafe vgl. *Grebing* in *Jescheck/Grebing,* S. 86 ff sowie *Albrecht* (1982), S. 10 f; weitergehend aber die Konzeption der Laufzeitgeldstrafe im AE 1966, der zum Zwecke der Einwirkung auf den Täter auch die Möglichkeit vorsah, Auflagen oder Weisungen zu erteilen (vgl. § 56 AE); hierzu *Baumann,* S. 29, 38 f.

230 Wie ein echter „Spurwechsel" von der Geldstrafe zur Ersatzfreiheitsstrafe erfolgt, zeigt ein Blick auf die Rechtslage in der DDR: Ist die Geldstrafe uneinbringlich, entscheidet ein Gericht in einem neuen Verfahren über die Höhe der Umwandlungsstrafe: Das Mindestmaß der Umwandlungsstrafe beträgt drei Monate, ist damit angeglichen der Mindestgrenze der Freiheitsstrafe. Der an sich zu Geldstrafe Verurteilte hat nach Strafantritt keine Möglichkeit mehr, durch Zahlung der Geldstrafe die weitere Vollstreckung der Umwandlungsstrafe abzuwenden. Der Rest der Umwandlungsstrafe kann wie bei einer „normalen" Freiheitsstrafe zur Bewährung ausgesetzt werden; vgl. Lehrkommentar, S. 210; Kommentar zum StGB, § 36, Ziff. 10; *Lyon* in *Jescheck/Grebing,* S. 230 ff; *Lammich* in *Jescheck* (1983), S. 111 f.

231 So *OLG Schleswig,* OLGSt. § 57, S. 23; *OLG Hamm* MDR 1977, 422, 423; *OLG Stuttgart* MDR 1978, 331, 332; *OLG Düsseldorf* NJW 1978, 250; *LG Lüneburg* Rpfleger 1973, 436.

232 So auch *OLG Hamm* MDR 1977, 422, 423.

### 2. Der Zwangscharakter der Ersatzfreiheitsstrafe

Schon das RG hatte in der Entscheidung RGSt 45, 332 darauf abgestellt, daß es auch offensichtlich Funktion der Ersatzfreiheitsstrafe sei, durch den Druck der drohenden Freiheitsentziehung den Geldstrafenschuldner zu einer Zahlung der Geldstrafe zu bewegen. Dieses Zwangselement der Ersatzfreiheitsstrafe ist immer wieder herausgestellt worden und ist zu einem großen Teil gerade die Legitimation für die Existenz der Ersatzfreiheitsstrafe[233]. Gesetzlichen Niederschlag hat dieser Zwangscharakter der Ersatzfreiheitsstrafe in § 459 e IV StPO gefunden, der bestimmt, daß die Ersatzfreiheitsstrafe nicht vollstreckt werden darf, soweit die Geldstrafe bezahlt oder beigetrieben worden ist.

Wenngleich dieses Zwangselement der Ersatzfreiheitsstrafe für die Zeit vor Beginn ihrer Vollstreckung auch immer wieder betont worden ist, so erscheint von erheblicher Bedeutung, daß der Ersatzfreiheitsstrafe eine solche Wirkung auch noch nach Beginn ihrer Vollstreckung zukommt, wie neuere Untersuchungen nachweisen konnten. Viele Geldstrafenschuldner lassen sich durch eine Aufforderung zum Strafantritt dazu bewegen, ihre Geldstrafe zur Vermeidung der Haft zu bezahlen[234]. Was möglicherweise aber wenig bekannt ist[235] oder nicht hinreichend gewürdigt wird, ist der Umstand, daß auch noch nach Strafantritt ausgesprochen häufig die Geldstrafe zumindest teilweise bezahlt wird. Nach der vom Niedersächsischen Justizministerium im Jahre 1982 durchgeführten Untersuchung bezahlten immerhin noch 38 % der Einsitzenden zumindest zum Teil ihre Geldstrafe aus der Haft heraus. Und dabei wurde nicht, wie man vielleicht vermuten könnte, die noch ausstehende Geldstrafe in der Regel unmittelbar nach Strafantritt bezahlt. In (nur) 27 % der Fälle ging die Zahlung nach Verbüßung von 10 % der Ersatzfreiheitsstrafe ein, in weiteren 20 % der Fälle wurde vor Ablauf des ersten Drittels der Ersatzfreiheitsstrafe gezahlt. Im letzten Drittel zahlten immerhin noch 34 % der Inhaftierten die restliche Geldstrafe[236]. Dabei wurde gerade bei länger dauernden Ersatzfreiheitsstrafen ausgesprochen häufig die ausstehende Geldstrafe gezahlt: Immerhin 57 % der Ersatzfreiheitsstrafenverbüßer, die mehr als 30 Tage zu verbüßen hatten, machten von der Möglichkeit Gebrauch, die Ersatzfreiheitsstrafe durch Zahlung der Geldstrafe abzuwenden. Wenn teilweise[237] die Anwendung von § 57 I StGB damit begründet worden ist, daß die

---

233 Vgl. etwa BT-Prot. 7/S. 665 (Dr. Eyrich): Die Ersatzfreiheitsstrafe ist ein Mittel zur Durchsetzung der Geldstrafe.

234 *Albrecht* stellte fest, daß 15 % der Geldstrafenschuldner zum Strafantritt geladen werden müssen. Nach dieser Ladung zahlen immerhin noch 10 % der Verurteilten; vgl. *Albrecht* (1980), S. 252 f.

235 Verfehlt insofern *OLG Zweibrücken* JR 1976, 466, 467; *OLG Düsseldorf* NJW 1977, 308; *OLG Koblenz* MDR 1977, 423, 424.

236 *Hasenpusch/Steinhilper*, S. 204.

Ersatzfreiheitsstrafenverbüßer nach Strafantritt angesichts ihrer schlechten wirtschaftlichen Verhältnisse keine Möglichkeit mehr haben, die Ersatzfreiheitsstrafe abzuwenden, so ist diese Ansicht mit den tatsächlichen Verhältnissen nicht zu vereinbaren[238].

Die Zahlung der Geldstrafe ist auch noch nach Strafantritt gewollt. Dies zeigt ein Blick auf entsprechende Erörterungen im Gesetzgebungsverfahren: Bei den Beratungen im Rahmen des 23. Strafrechtsänderungsgesetzes hatte der Bundesrat eine Änderung des § 454 b I StPO dergestalt vorgeschlagen, daß bestimmt werden sollte, Ersatzfreiheitsstrafen erst nach Freiheitsstrafen zur Vollstreckung gelangen zu lassen[239]. Hintergrund für diesen Regelungsvorschlag war, angesichts häufig noch erfolgender Zahlungen aus der Haft heraus, Geldstrafenschuldner zu bewegen, die Geldstrafe zur Abwendung der Ersatzfreiheitsstrafe noch zu bezahlen. Dieser Vorschlag wurde aber lediglich deswegen nicht in die gesetzliche Fassung übernommen, weil man eine Detailfrage nicht aus dem Gesamtkomplex der Ersatzfreiheitsstrafenvollstreckung regeln wollte, im übrigen auch deshalb nicht, weil man der Auffassung war, daß die Möglichkeit, im Verwaltungswege eine entsprechende Regelung zu treffen, ausreichend wäre[240]. Es wird damit aber deutlich, daß nicht die Vollstreckung der Ersatzfreiheitsstrafe, sondern die Durchsetzung der Geldstrafe im Vordergrund steht, die gegenteilige Auffassung der Befürworter einer Strafrestaussetzung mithin nicht haltbar ist[241].

Das Primat der Geldstrafe ist der Sache nach auch nur konsequent. Der Richter hat den Delinquenten zur Zahlung einer Geldstrafe verurteilt. Es ist von daher folgerichtig, wenn dieses Erkenntnis auch durchgesetzt wird.

Läßt man aber eine Restaussetzung der Ersatzfreiheitsstrafe zu, so ist davon auszugehen, daß sich viele Inhaftierte bei der Möglichkeit einer Restaussetzung der Ersatzfreiheitsstrafe von der Zahlung der restlichen Geldstrafe abhalten ließen, dies insbesondere dann, wenn in der Regel angesichts einer günstigen Täterprognose eine vorzeitige Entlassung aus der Haft erfolgen könnte[242]. Würde die Geldstrafe noch gezahlt, könnte der Verurteilte aus dem

---

237 So *OLG Zweibrücken* JR 1976, 466, 467; *OLG Düsseldorf* NJW 1977, 308; *OLG Koblenz* MDR 1977, 423, 424.

238 Zu den Gründen für die häufige Zahlung gerade bei längeren Ersatzfreiheitsstrafen vgl. unten S. 138 ff.

239 gl. BT-Drucks. 10/2720, S. 26.

240 Vgl. BT-Drucks. 10/2720, S. 30; nach § 43 II 3 StVollstr0 kann die Vollstreckungsbehörde die Reihenfolge der Vollstreckung bestimmen, vgl. hierzu *Jabel* in *Pohlmann/Jabel,* § 43 Rn 23.

241 In einer rechtsvergleichenden Untersuchung stellte *Grebing* fest, daß in mehreren Ländern eine „dogmatische Akzentverschiebung" in dem Sinne stattgefunden hat, daß immer stärker der Zwangscharakter der Ersatzfreiheitsstrafe herausgestellt wird; der Ersatzfreiheitsstrafe komme immer stärker eine „Doppelfunktion" zu, nämlich Zwangsmittel und Strafe zugleich zu sein, wobei letzteres in einigen Ländern immer mehr infrage gestellt werde; vgl. *Grebing* in *Jescheck/Grebing,* S. 1326 f.

Anwendungsbereich des § 57 I StGB fallen. In jedem Falle wäre bei Ersatzfreiheitsstrafen über 60 Tagen Länge die Zahlung der Geldstrafe bei einer absehbaren Entlassung unnötig[243]. Hier wird man sich entscheiden müssen, ob man eine Zahlung der Geldstrafe auch aus der Haft erreichen möchte, oder ob man den bei einer Restaussetzung der Ersatzfreiheitsstrafen möglichen Bewährungsmaßnahmen eine derartige Bedeutung beimißt, daß die Zahlung der Geldstrafe in den Hintergrund tritt. Es ist dargelegt worden, daß von der Konzeption her die Geldstrafe weiterhin im Vordergrund bleibt, und daß eine Ersetzung der Geldstrafe durch die Ersatzfreiheitsstrafe nicht erfolgt ist. Inwieweit die Bewährungsmaßnahmen bei einer Aussetzung der Ersatzfreiheitsstrafe überhaupt Bedeutung erlangen können, wird zu untersuchen sein.

## II. Die mit einer Restaussetzung verbundenen Probleme

Bevor auf diese Frage näher eingegangen wird, sollen eine Reihe von Problemen erörtert werden, die auftreten, wenn man auch bei Ersatzfreiheitsstrafen eine Aussetzung des Strafrestes für möglich erachtet.

### 1. Die Bestimmung des Zweidrittel-Zeitpunktes

Die erste Frage ist: Wann kann der Ersatzfreiheitsstrafenverbüßer vorzeitig aus der Haft entlassen werden, ab wann sind zwei Drittel der verhängten Strafe verbüßt?

Schwierigkeiten ergeben sich daraus, daß Geldstrafenschuldner häufig Teilleistungen auf die ihnen auferlegte Geldstrafe erbracht haben. Welche Wirkungen derartige Zahlungen auf die Ersatzfreiheitsstrafe haben, ist zweifelhaft. Klar ist zunächst, daß die erbrachten Teilzahlungen die Dauer der Ersatzfreiheitsstrafe verkürzen. Welchen Einfluß die Teilzahlungen auf den Entlassungszeitpunkt haben, ist aber nicht eindeutig zu beantworten. Die Befürworter einer Restaussetzung meinen, daß grundsätzlich die bei Strafantritt zu verbüßende Ersatzfreiheitsstrafe, für den Fall, daß später noch Zahlungen auf die Geldstrafe erbracht werden, die tatsächlich noch zu vollstreckende Ersatzfreiheitsstrafe maßgebend ist[244].

Beispiel: Ist der Geldstrafenschuldner zu einer Geldstrafe von 120 Tagessätzen verurteilt worden, und hat er 30 Tagessätze entweder vor oder nach Straf-

---

242 Zu diesem Problem vgl. ausführlich unten D II 3 a).

243 Zu den auftretenden Unbilligkeiten, wenn der Ersatzfreiheitsstrafenverbüßer einen Teil der Geldstrafe vor Strafantritt schon gezahlt hat, vgl. unten D II 2 a.E.

244 *OLG Koblenz* MDR 1977, 423, 424; *Lackner,* § 57 Rn 2 a; *Preisendanz,* § 57 Anm. 2 c; *ders.*, JR 1976, 466, 468; *Zipf,* JR 1977, 121, 123; *Dölling,* NStZ 1981, 86, 87; teilweise abweichend *Dreher/Tröndle,* § 57 Rn 2 a.

antritt bezahlt, so ist von einer Ersatzfreiheitsstrafe von 90 Tagen auszugehen. Eine Aussetzung der Ersatzfreiheitsstrafe käme nach 60 Tagen in Betracht.

Dies ist aber nicht die einzig mögliche Berechnungsweise. Ein Blick auf die Rechtslage bei einem Widerruf der Strafaussetzung zeigt: Zahlt ein Verurteilter einen Teil der ihm als Auflage erteilten Geldbuße, so können diese Leistungen, wenn die Strafaussetzung widerrufen wird, auf die Strafe angerechnet werden (§ 56 f III 2 StGB). Allgemein wird dabei davon ausgegangen, daß die Anrechnung von Teilzahlungen keinen Einfluß auf die verhängte Strafe, sondern lediglich auf die tatsächlich zu verbüßende Strafe habe. Lange Zeit war es aber strittig, ob bei einer Anrechnung von Teilleistungen die Anrechnung gleichsam „von vorne" oder „von hinten" zu erfolgen habe. Bei einer Anrechnung „von vorne" hätte sich die zu verbüßende Zeit entsprechend verkürzt, wobei es sogar möglich wäre, ohne einen Tag Haft den Rest der Strafe auszusetzen[245].

Beispiel: Der Verurteilte hat an sich eine Freiheitsstrafe von drei Monaten zu verbüßen. Es werden ihm aber zwei Monate gemäß § 56 f III 2 StGB auf die Strafe angerechnet. Bei einer Anrechnung „von vorne" könnte der Strafrest gemäß § 57 I StGB zur Bewährung ausgesetzt werden[246]. Bei einer Anrechnung „von hinten" hätte er einen Monat Haft zu verbüßen.

Im Hinblick auf die sich gerade an dem obigen Beispiel zeigenden Unbilligkeiten, falls eine Anrechnung „von hinten" vorgenommen wird – so die bis dahin hM[247] –, hat der Gesetzgeber mit dem am 1. Mai 1986 in Kraft getretenen 23. Strafrechtsänderungsgesetz den § 57 IV StGB dahingehend neugefaßt, daß, soweit eine Freiheitsstrafe durch Anrechnung erledigt ist, sie als verbüßte Strafe im Sinne der Absätze 1 bis 3 gilt. Der Gesetzgeber hatte dabei, wie sich aus der Begründung zu der Strafrechtsänderung ergibt[248], gerade den Fall des § 56 f III StGB erfassen und den bis dahin bestehenden unterschiedlichen Meinungsstand entscheiden wollen.

Bezogen auf die hier zu entscheidende Fragestellung bedeutete dies, daß zu fragen ist, ob bei einer Restaussetzung der Ersatzfreiheitsstrafe nicht auch § 57 IV StGB angewandt werden müßte. Als „verhängte Strafe" könnte die ursprünglich aus dem Urteil sich ergebende Ersatzfreiheitsstrafe ohne Berück-

---

[245] Daß sich der Verurteilte bei einer Strafrestaussetzung nicht in Haft befinden muß, ist wohl allgA.; vgl. nur *Ruß*, LK, § 57 Rn 7.

[246] Ganz überwiegend wird angenommen, daß der Verurteilte nicht mindestens zwei Monate Haft verbüßt haben muß, vgl. *OLG Hamburg* NJW 1976, 682; *Horn*, JR 1978, 203, 204; *Frank*, NJW 1981, 1341; 1344; *Mrozynski*, JR 1983, 133, 135; abweichend hiervon forderte das *OLG Hamburg* MDR 1978, 592, daß sich der Verurteilte mindestens einen Monat in Haft befunden haben mußte; offengelassen hatte das *OLG Hamburg* MDR 1978, 591,ob mindestens zwei Monate verbüßt werden müssen.

[247] Vgl. zum Meinungsstand zur alten Rechtslage *Schönke/Schröder/Stree*, § 57 Rn 7 m.w.Nw.

[248] Vgl. BT-Drucks. 10/2720; S. 11.

sichtigung von Teilzahlungen zu verstehen und hiervon der Zweidrittel-Zeitpunkt zu berechnen sein. Eine solche Lösung hätte den Vorzug, daß sie sich stärker am Wortlaut des § 57 I StGB orientierte und als „verhängte Strafe" eine bestimmte, fest umrissene Strafe annähme.

Das folgende Beispiel zeigt, daß die beiden verschiedenen Möglichkeiten zu ganz unterschiedlichen Verbüßungszeiten führen können:

Der Geldstrafenschuldner hat eine Geldstrafe von 180 Tagessätzen erhalten und vor oder nach Strafantritt auf die Geldstrafe 30 Tagessätze entrichtet. Nach der Auffassung, die von der tatsächlich zu verbüßenden Ersatzfreiheitsstrafe – unter Berücksichtigung gezahlter Teilbeträge – ausgeht (so die Befürworter einer Restaussetzung der Ersatzfreiheitsstrafe), hätte der Geldstrafenschuldner eine Ersatzfreiheitsstafe von 150 Tagen zu verbüßen. Eine Restaussetzung wäre nach Verbüßung von zwei Dritteln der Strafe, also nach 100 Tagen, möglich. Ausgesetzt würden 50 Tage Strafe.

Bei einer Anrechnung der gezahlten 30 Tagessätze „von vorne" (so die Systematik des § 57 StGB) würde eine Strafrestaussetzung wie folgt aussehen: Verhängt sind 180 Tage Geld- bzw. Ersatzfreiheitsstrafe. ⅔ davon: 120 Tage (Rest: 60 Tage). Als verbüßt gelten 30 Tage (§ 57 IV StGB), so daß eine Aussetzung nach 90 Tagen erfolgen könnte. Ausgesetzt würden 60 Tage.

Bei der Beantwortung der Frage, wie eine Anrechnung von Teilbeträgen zu erfolgen habe, ist von § 57 IV StGB auszugehen. Wenn § 57 IV StGB bestimmt, daß, soweit eine Freiheitsstrafe durch Anrechnung erledigt ist, sie als verbüßte Strafe im Sinne der Absätze 1 bis 3 gilt, so könnte dies auch für die Ersatzfreiheitsstrafe gelten. Mit dem Wortlaut wäre eine solche Auslegung vereinbar. Die Ersatzfreiheitsstrafe könnte als eine Freiheitsstrafe in diesem Sinne angesehen werden. Die an sich verhängte Ersatzfreiheitsstrafe „erledigt" sich auch durch (Teil-)Zahlung der Geldstrafe. Ob dies durch eine „Anrechnung" geschieht, ist zwar zweifelhaft, wie sich aber aus der Begründung zu der Gesetzesänderung ergibt, soll sich der Anwendungsbereich auf alle Fälle erstrecken, in denen eine Freiheitsstrafe durch Anrechnung erledigt ist. Ausdrücklich genannt wurden die Fälle von § 56 f III 2 StGB sowie § 36 I, III BtMG[249]. Mit dem Sprachgebrauch erscheint es aber auch vereinbar, die Berücksichtigung gezahlter Teilbeträge als „Anrechnung" im Sinne dieser Vorschrift zu verstehen.

Eine dem System des § 57 StGB entsprechende Anrechnung „von vorne" ist aber dann problematisch, wenn man es für zulässig erachtete, daß der Ersatzfreiheitsstrafenverbüßer auch ohne einen Tag Haft[250] den Rest der Strafe zur Bewährung ausgesetzt erhalten könnte, und das aus folgenden Gründen: Es

[249] Vgl. BT-Drucks. 10/2720, S. 11.

[250] Dies ist bei der normalen Freiheitsstrafe möglich; vgl. nur *Dreher/Tröndle,* § 57 Rn 4.

ist zu fragen, was zu geschehen habe, wenn ein Geldstrafenschuldner nach Zahlung von zwei Dritteln seiner Geldstrafe weitere Zahlungen einstellt. Da häufig dem Geldstrafenschuldner eine günstige Prognose zu erstellen sein wird, muß bei der Anordnung der Vollstreckung der Ersatzfreiheitsstrafe und vor Strafbeginn geprüft werden, ob nicht die restliche Strafe zur Bewährung ausgesetzt werden müßte. Dies ist zu bejahen, da bei der Entscheidung nach § 57 I StGB nur spezialpräventive Gesichtspunkte von Bedeutung sind[251], nicht etwa der Umstand, daß der Verurteilte möglicherweise böswillig die Geldstrafe nicht bezahlt. Da der Verurteilte nach ganz überwiegender Auffassung nicht einmal zwei Monate Haft verbüßt haben muß, um in den Genuß einer Strafrestaussetzung zu kommen, müßte die an sich noch zu verbüßende Ersatzfreiheitsstrafe zur Bewährung ausgesetzt werden. Der Geldstrafenschuldner hat es also in der Hand, ob er die gesamte ihm auferlegte Geldstrafe bezahlt, oder ob er versucht, über eine Restaussetzung der Ersatzfreiheitsstrafe von seiner Geldstrafenschuld befreit zu werden. Ein solches Ergebnis kann nicht richtig sein. Der Staat müßte dann nämlich versuchen, die Geldstrafe zwangsweise beizutreiben, ein Verfahren, das häufig nicht nur fruchtlos, sondern auch vom Ergebnis her unannehmbar sein wird.

Zur Vermeidung dieser Probleme könnte daran gedacht werden, dem Geldstrafenschuldner dann, wenn er dazu in der Lage ist, die Auflage zu machen, die noch ausstehende Geldstrafe zu bezahlen[252]. Kommt er der Anordnung nicht nach, obwohl er die Möglichkeit dazu hätte, könnte ein Widerruf der Strafrestaussetzung erfolgen. Fraglich aber ist, ob eine solche Auflage überhaupt zulässig wäre[253]. Es ist nämlich zweifelhaft, ob die Strafe selbst zum Inhalt einer Auflage gemacht werden darf. Selbst wenn dieses zulässig sein sollte, scheint es unangemessen, auf diesem Wege die Geldstrafe durchsetzen zu wollen. In vielen Fällen wird es sich auch kaum feststellen lassen, ob der Geldstrafenschuldner tatsächlich nicht zu einer Zahlung der Geldstrafe in der Lage ist. Die Restaussetzung der Strafe würde mithin auf einer unsicheren Grundlage erfolgen. Aus alledem folgt aber, daß § 57 IV StGB auf die Verbüßung einer Ersatzfreiheitsstrafe keine Anwendung finden kann.

Ist damit festgestellt, daß der Verurteilte mindestens zwei Monate Haft verbüßt haben muß, bevor eine Strafrestaussetzung in Betracht kommen kann, ist die weitere Frage, ob bei der Berechnung des Zweidrittel-Zeitpunktes von der ursprünglichen Strafe oder von der tatsächlich zu einem gegebenen Zeitpunkt, unter Anrechnung von erbrachten Teilzahlungen, noch zu verbüßenden Strafe ausgegangen werden muß. Die letztere Auffassung ist, wie oben gezeigt[254], mit dem Wortlaut von § 57 I StGB nur bedingt zu vereinbaren. Gewichtiger

---

[251] AllgA.; vgl. nur *Ruß*, LK, § 57 Rn 12 m.w.Nw.; *Horn*, SK, § 57 Rn 10.

[252] Vgl. hierzu *Grebing* in *Jescheck/Grebing*, S. 153.

[253] Vgl. dazu ausführlich unten D II 4 b).

[254] Vgl. oben A III.

sind aber Schwierigkeiten, die daraus resultieren, daß der Geldstrafenschuldner die Möglichkeit hat, durch Teilzahlung der Geldstrafe die Vollstreckung der Ersatzfreiheitsstrafe abzuwenden.

Probleme entstehen dadurch, daß ein Geldstrafenschuldner, der ordnungsgemäß einen Teil der Geldstrafe bezahlt hat und möglicherweise nach einer gewissen Zeit tatsächlich zu weiteren Zahlungen – ohne sein Verschulden – nicht in der Lage ist, aus dem Anwendungsbereich von § 57 I StGB fällt. Bedenkt man, daß Geldstrafen mit mehr als 90 Tagessätzen kaum verhängt werden, so dürfte die Situation nicht allzu selten auftreten. Derjenige, der aber von vornherein nichts gezahlt hat, gelangt in den Vorteil einer Restaussetzung der Strafe. Dieses Ergebnis, daß nämlich der Nichtzahlende, der mithin dem Urteilsspruch gar nicht nachkommt, auch noch bevorteilt wird, kann nicht richtig sein.

Entsprechend dürften viele Geldstrafenschuldner im Hinblick auf eine mögliche Entlassung davon abgehalten werden, die Geldstrafe noch zu bezahlen[255]. Die Ersatzfreiheitsstrafe als Mittel zur Durchsetzung der Geldstrafe wird hierdurch denaturiert. Angesichts dieser Unbilligkeiten ist die Berücksichtigung von Teilzahlungen in der genannten Weise wenig befriedigend.

Aber auch dann, wenn man die ursprünglich verhängte Strafe als Anknüpfungspunkt für die Berechnung des Zweidrittel-Zeitpunktes zugrundelegt, treten diese Probleme auf. Zahlt der Geldstrafenschuldner die Geldstrafe teilweise, läuft er Gefahr, aus dem Anwendungsbereich von § 57 I StGB zu fallen. Dies bedeutet, daß der weit vorausplanende Täter, der dem richterlichen Erkenntnis gar nicht nachkommt, anderen Geldstrafenschuldnern gegenüber bevorzugt wird.

Damit ist festzustellen, daß sowohl die Auffassung, die bei der Berechnung des Zweidrittel-Zeitpunktes von der ursprünglichen Strafe ausgeht, wie auch die Meinung, die die tatsächlich noch zu verbüßende Strafe als Grundlage für die Berechnung annimmt, zu Wertungswidersprüchen führt, die die Richtigkeit einer Strafrestaussetzung bei Ersatzfreiheitsstrafen zweifelhaft erscheinen läßt. Hält man eine Anwendung von § 57 I StGB auf Ersatzfreiheitsstrafen für möglich, sollte aber von der ursprünglichen Strafe ausgegangen werden. Hierfür spricht, wie erörtert, der allgemeine Sprachgebrauch. Wie das obige Beispiel gezeigt hat, wird der Ersatzfreiheitsstrafenverbüßer benachteiligt, wenn von der tatsächlich zu verbüßenden Strafe ausgegangen wird. Er würde erst zu einem späteren Zeitpunkt entlassen werden können. Von daher sollte von der ursprünglichen Strafe ausgegangen werden.

---

[255] Hierauf weist auch das *OLG Karlsruhe* Die Justiz, 1978, 146, 147 hin.

### 2. Die Verbüßung mehrerer Ersatzfreiheitsstrafen

Ob die Möglichkeit einer Restaussetzung der Ersatzfreiheitsstrafe tatsächlich sachgerecht ist, ist auch insofern zweifelhaft, als wegen der Mindestverbüßungszeit von zwei Monaten nur relativ wenige Ersatzfreiheitsstrafen in den Anwendungsbereich des § 57 I StGB fallen. Denn während praktisch alle primär verhängten Freiheitsstrafen in den Genuß einer Restaussetzung kommen können – die Verhängung einer Freiheitsstrafe von weniger als drei Monaten bildet die Ausnahme –, werden von § 57 I StGB nur wenige Ersatzfreiheitsstrafen erfaßt. Nach der derzeitigen Sanktionspraxis dürften dies lediglich etwa 15 % der Ersatzfreiheitsstrafen sein[256]. Diese Zahl verringert sich noch einmal erheblich, weil relativ häufig noch nach Strafantritt die Geldstrafe zumindest teilweise gezahlt wird, so daß sich die Ersatzfreiheitsstrafe verkürzt. Auch wenn die Gerichte in Zukunft wesentlich häufiger Geldstrafen mit hohen Tagessätzen mit dem Ergebnis verhängen sollten, daß auch vermehrt längere Ersatzfreiheitsstrafen zur Vollstreckung gelangen werden, ist doch immer davon auszugehen, daß ein Großteil der Ersatzfreiheitsstrafen unterhalb der Zweimonatsgrenze liegen wird. Unter dem Gebot der Gleichbehandlung ist es von daher problematisch, wenn nur ein kleiner Teil der Ersatzfreiheitsstrafenverbüßer in den Genuß einer Strafrestaussetzung gelangen kann.

In der Praxis ist nun allerdings zu beobachten, daß häufig mehrere Ersatzfreiheitsstrafen hintereinander vollstreckt werden. Würde man die Ersatzfreiheitsstrafen zusammenzählen und von der so festgestellten gesamten Strafzeit die Zweidrittelfrist berechnen[257], würden wesentlich mehr Ersatzfreiheitsstrafen nach § 57 I StGB ausgesetzt werden können. Die Frage ist, ob dies auf der Grundlage des geltenden Rechtes möglich ist.

Auszugehen ist dabei von § 454 b II StPO. § 454 b II StPO hat den lange bestehenden Streit[258], ob mehrere Strafen zusammenzuzählen sind und sodann ein gemeinsamer Zweidrittel-Zeitpunkt zu berechnen ist, dahingehend entschieden, daß nach Verbüßung von zwei Dritteln, mindestens jedoch zwei Monaten, die Strafe unterbrochen wird, und das Gericht eine Entscheidung nach § 57 StGB trifft, wenn über die Aussetzung der Vollstreckung der Reste aller Strafen gleichzeitig entschieden werden kann. Fraglich ist, ob diese neue Vorschrift auch für Ersatzfreiheitsstrafen gilt[259].

Zur Beantwortung dieser Frage soll zunächst die Entstehungsgeschichte der Vorschrift betrachtet werden. Den lange Jahre in Rechtsprechung, Literatur

[256] Vgl. *Hasenpusch/Steinhilper*, S. 203.

[257] So ausdrücklich gerade für Ersatzfreiheitsstrafen *OLG Hamm* MDR 1976, 159.

[258] Vgl. zum Meinungsstand zur alten Rechtslage *Schönke/Schröder/Stree*, § 57 Rn 8 sowie *Ruß*, LK, § 57 Rn 8 jeweils m.w.Nw.

[259] Verneinend *Horn*, SK, § 57 Rn 3.

und unter den Justizverwaltungen bestehenden Streit darüber, ob bei mehreren nacheinander zu vollstreckenden Freiheitsstrafen für jede gesondert, gegebenenfalls aber erst zum Zweidrittel-Zeitpunkt der letzten Freiheitsstrafe, über eine Strafrestaussetzung zu entscheiden ist, oder ob die einzelnen Freiheitsstrafen für die Berechnung des Zweidrittel-Zeitpunktes zusammenzurechnen sind, versuchte der Gesetzgeber durch die Einfügung des § 43 III StVollstrO zu entschärfen. Mit Inkrafttreten der Vorschrift am 1. 2. 1980 wurden die Vollstreckungsbehörden ermächtigt, die Strafen mit dem Ziel zu unterbrechen, bei der letzten Freiheitsstrafe über eine Restaussetzung der Strafen zu entscheiden. Bei den gesetzgeberischen Beratungen wurde auch erörtert, ob eine Unterbrechung der Ersatzfreiheitsstrafe zum Zwecke einer Restaussetzung erfolgen sollte[260]. Eine Entscheidung wurde aber nicht getroffen, weil die Möglichkeit einer Restaussetzung der Ersatzfreiheitsstrafe umstritten war. Es wurde bei den gesetzgeberischen Beratungen aber übersehen, daß § 43 III StVollstrO über § 50 I StVollstrO auch für die Vollstreckung von Ersatzfreiheitsstrafen Anwendung finden kann. Wie jedoch oben schon erörtert[261], kann aus § 50 I StVollstrO, der die Vorschriften des II. Abschnittes der StVollstrO auch für Ersatzfreiheitsstrafen für anwendbar erklärt, nicht geschlossen werden, daß eine Restaussetzung auch bei Ersatzfreiheitsstrafen möglich ist. Voraussetzung für die Anwendung der Vorschrift ist nämlich eine aussetzungsfähige Strafe.

Zur abschließenden Klärung des Streites um den Entscheidungszeitpunkt bei der Verbüßung mehrerer Strafen – nach § 43 III StVollstrO stand die Unterbrechung der Strafen im Ermessen der Vollstreckungsbehörde, und der Verurteilte mußte sich mit der Unterbrechung einverstanden erklären – hat der Gesetzgeber sich zu einer Aufnahme der Vorschrift in die StPO entschlossen. Inwieweit auch Ersazfreiheitsstrafen von der Vorschrift erfaßt sein sollen, hat er nicht erörtert.

Da die Voraussetzungen des § 454 b II Nr. 2 StPO denen des § 57 I StGB entsprechen, müßte, hält man eine Strafrestaussetzung bei Ersatzfreiheitsstrafen für möglich, auch eine Unterbrechung von Ersatzfreiheitsstrafen nach Verbüßung von zwei Monaten erfolgen. Wie bei § 57 I StGB wären die Ersatzfreiheitsstrafen als „zeitige" Freiheitsstrafen im Sinne von § 454 b II StPO anzusehen. D.h., Ersatzfreiheitsstrafen, die zwei Monate nicht überschreiten, können auch nicht nach § 57 I StGB zur Bewährung ausgesetzt werden.

Es muß aber die Frage gestellt werden, ob dies sachgerecht ist. Eine Anwendung von § 454 b II StPO hat zur Folge, daß nur relativ wenige Freiheitsstrafen in den Genuß einer Strafrestaussetzung gelangen können. Ein sol-

---

260 Vgl. den Bericht von *Jabel,* MDR 1980, 718, 719.

261 Vgl. oben A I.

ches Ergebnis könnte aber geboten sein. Es ist nämlich problematisch, diejenigen Straftäter, die sich in erheblicher Weise strafbar gemacht haben und mehrfach verurteilt worden sind, in den Genuß einer Strafrestaussetzung gelangen zu lassen, den Täter aber, der nur eine kurze Ersatzfreiheitsstrafe zu verbüßen hat, von einer Strafrestaussetzung auszunehmen. Da auch bei normalen kurzen Freiheitsstrafen die Situation auftritt, daß derjenige, der eine Freiheitsstrafe von zwei Monaten sowie eine weitere von drei Monaten zu verbüßen hat, den Rest der Strafe erst nach Verbüßung von vier Monaten – es kann nur das letzte Drittel der zweiten Strafe ausgesetzt werden – ausgesetzt erhalten kann, ist es nicht einsichtig, warum der Ersatzfreiheitsstrafenverbüßer gegenüber dem normalen Freiheitsstrafenverbüßer bevorzugt werden sollte. Die vom Gesetzgeber getroffene Entscheidung ist nach Schaffung des § 454 b II StPO eindeutig. Entsprechend ist es nicht möglich, hält man eine Strafrestaussetzung auch bei der Ersatzfreiheitsstrafe für zulässig, auf eine Anwendung von § 454 b II StPO zu verzichten. Eine Zusammenrechnung der Ersatzfreiheitsstrafen ist ausgeschlossen.

Dies hat demnach zur Folge, daß nur relativ wenige Ersatzfreiheitsstrafenverbüßer in den Genuß einer Strafrestaussetzung gelangen können, diese Möglichkeit mithin dem Gros der Ersatzfreiheitsstrafenverbüßer verschlossen bleibt. Unter dem Gebot einer Gleichbehandlung ist ein solches Ergebnis problematisch.

Es soll aber noch geprüft werden, ob es sachliche Gründe dafür gibt, Ersatzfreiheitsstrafen, die unterhalb der Zweimonatsgrenze liegen, nach § 57 I StGB nicht zur Bewährung auszusetzen. Zur Beantwortung dieser Frage ist zu klären, welche Funktion der in § 57 I StGB festgelegten Mindestverbüßungszeit zukommt. Zunächst soll ein Blick auf die verschiedenen gesetzlichen Vorschriften geworfen werden, die die Restaussetzung von Freiheitsstrafen zum Gegenstand hatten.

Nach § 26 StGB aF sollte eine Restaussetzung nach drei Monaten Verbüßungszeit infrage kommen. Die Vorschrift orientierte sich dabei an § 27 b StGB aF, wonach Freiheitsstrafen in der Regel erst mit einer Länge von drei Monaten verhängt werden sollten. Eine Senkung der Mindestverbüßungszeit auf einen Monat sah dann § 79 I Nr. 1 des Regierungsentwurfes von 1962 bei der Strafhaft[262] mit dem Ziel vor, schon nach Verbüßung der Hälfte der Strafe den Vollzug abbrechen zu können, wenn der weitere Freiheitsentzug die Gefahr der Abstumpfung und der Gewöhnung an das Anstaltsleben mit sich brachte[263]. Da die Strafhaft aufgrund vielfach geäußerter Kritik nicht in das Strafgesetzbuch aufgenommen wurde, wurde die Mindestverbüßungszeit auf

[262] Nach den Vorstellungen des Gesetzgebers sollte die Strafhaft (§ 47 d. Entw.) eine „Besinnungs-" bzw. „Denkzettelstrafe" sein; ihr Mindestmaß betrug eine Woche, ihr Höchstmaß sechs Monate.

[263] Vgl. RegE 1962, Begründung S. 205.

zwei Monate festgesetzt. Angesichts des Mindestmaßes einer Freiheitsstrafe von einem Monat (§ 38 II StGB) war diese Anhebung auf zwei Monate geboten.

Der Mindestverbüßungszeit kommt damit im Prinzip keine besondere Funktion zu. Sie orientiert sich lediglich an der unteren Grenze der Freiheitsstrafe[264]. Im Ergebnis jedenfalls fallen praktisch alle Freiheitsstrafen in den Anwendungsbereich von § 57 I StGB. Insofern ist es auch nicht bedeutsam, ob die Freiheitsstrafen zusammengerechnet werden, oder ob die jeweils zu verbüßende Strafe unterbrochen wird, wie es nunmehr § 454 b II StPO vorsieht.

Allenfalls gewisse Praktikabilitätserwägungen im Hinblick auf die bei der Prüfung einer Restaussetzung zu beteiligenden Stellen[265] vermögen eine gewisse Mindestverbüßungszeit zu begründen. Ob dies aber ausreicht, um die Benachteiligung kürzerer Ersatzfreiheitsstrafen zu rechtfertigen, bei denen eine Strafrestaussetzung nicht in Betracht kommt, muß sehr bezweifelt werden. Das Aussetzungsverfahren ließe sich in wesentlich kürzerer Zeit durchführen[266].

Auch aus diesen Erwägungen wird deutlich, daß die Vorschriften über eine Strafrestaussetzung auf primär verhängte Freiheitsstrafen zugeschnitten sind. Unter Gleichbehandlungsgesichtspunkten erscheint es als ungerecht, wenn die Mehrzahl der Ersatzfreiheitsstrafenverbüßer ihre Ersatzfreiheitsstrafe voll verbüßen müssen, ohne in den Vorteil einer Strafrestaussetzung gelangen zu können, einige wenige aber diesen Vorteil erhalten.

Ob bei längeren Ersatzfreiheitsstrafen besondere Wiedereingliederungshilfen sinnvoll wären, die eine Rechtfertigung für eine Strafrestaussetzung abgeben könnten, ist dabei allerdings noch unberücksichtigt gelassen. Dieser Frage wird nachzugehen sein.

### 3. Die Sozialprognose

Im folgenden ist zu prüfen, ob die Anwendbarkeit des § 57 I StGB auf die Ersatzfreiheitsstrafe aus Prognosegründen zu fordern oder zu verwerfen ist. Es hat dabei eine Auseinandersetzung mit der Argumentation zu erfolgen, die Unanwendbarkeit von § 57 I StGB auf Ersatzfreiheitsstrafen ergebe sich daraus, daß die zu erstellende Sozialprognose immer günstig ausfallen müsse, da der Richter ja bereits festgestellt habe, zur Einwirkung auf den Täter sei ein Freiheitsentzug nicht erforderlich. Ob es aber tatsächlich, wovon vielfach ausgegangen wird[267], regelmäßig zu einer Restaussetzung der Strafe kommen

---

264 So auch §§ 36 I, 48 I des AE 1966.

265 Vgl. § 454 I StPO.

266 Vgl. nur § 79 I Nr. 1 des RegE 1962, der davon ausging, daß eine Strafrestaussetzung schon nach einem Monat in Betracht kommen sollte.

wird, ist zweifelhaft, insbesondere wenn man bedenkt, daß die Ersatzfreiheitsstrafenverbüßer, wie neuere Untersuchungen gezeigt haben, in einem hohen Maße wieder straffällig werden.

Im folgenden soll nun der Versuch gemacht werden zu ermitteln, mit welchem Grad von Wahrscheinlichkeit bei den Ersatzfreiheitsstrafenverbüßern von neuen Straftaten auszugehen ist, um sodann zu klären, ob eine Restaussetzung der Strafe verantwortbar erscheint.

Die folgenden Überlegungen gehen davon aus, daß bei Rechtsbrechern bestimmte Sozialmerkmale besonders häufig vorkommen, die den Schluß zulassen, daß bei einer Häufung derartiger Merkmale mit einer gewissen Wahrscheinlichkeit von der Begehung neuer Straftaten ausgegangen werden kann[268]. In der Vergangenheit sind eine Reihe von Prognosetafeln entwickelt worden, die im Rahmen des statistischen Prognoseverfahrens[269] die Voraussage ermöglichen sollen, mit welcher Wahrscheinlichkeit eine erneute Straffälligkeit zu erwarten ist. Aus der so ermittelten Rückfallwahrscheinlichkeit einer Gruppe – hier der der Ersatzfreiheitsstrafenverbüßer – soll auf die Rückfallwahrscheinlichkeit des einzelnen geschlossen werden können[270].

Über die Frage, welche Faktoren in welchem Maße für eine künftige Legalbewährung aussagekräftig sind, herrscht noch beträchtliche Unsicherheit[271]. Im folgenden sollen aus einer Vielzahl möglicher Faktoren fünf Belastungsmerkmale ausgewählt werden, wobei davon ausgegangen wird, daß auch Gerichte – im Rahmen ihrer auf persönlicher Erfahrung sowie auf Alltagstheorien basierenden intuitiven Prognosemethode – diese Merkmale besonders berücksichtigen. Grundlage für die folgenden Überlegungen ist die von Albrecht durchgeführte Untersuchung zur Legalbewährung bei zu Geldstrafe und Freiheitsstrafe Verurteilten. Albrecht hat in dieser Untersuchung unter anderem anhand der Merkmale Deliktsart, Vorstrafenbelastung, Familienstand, beruflicher Position und Alter Rückschlüsse auf die künftige Legalbewährung gezogen und auch die Wiederverurteilungswahrscheinlichkeit für verschiedene Gruppen bestimmt[272]. Die von ihm gewonnenen Ergebnisse lassen es als zweifelhaft erscheinen, ob bei den Ersatzfreiheitsstrafenverbüßern für die Zukunft eine günstige Sozialprognose erstellt werden kann.

---

267 So *KG* GA 1977, 237, 239; *OLG Karlsruhe* Die Justiz 1978, 146, 147; *Horn,* SK, § 57 Rn 3; *Frank,* NJW 1978, 141, 142; *Dölling,* NStZ 1981, 86, 89.

268 Vgl. hierzu *Kaiser* (1980), S. 145 f; *Kerner/Hermann,* BewHi 1984, 136, 138.

269 Zu den verschiedenen Prognoseverfahren vgl. *Kaiser* (1980), S. 272 ff; *Schöch* in *Kaiser/Schöch,* S. 87 ff; *Sonnen,* JuS 1976, 364, 366 f; *Tenckhoff,* DRiZ 1982, 95 ff.

270 Zur Berechtigung eines solchen Schlusses vgl. *Schöch* in *Kaiser/Schöch,* S. 87 m.w.Nw.

271 Kritisch zum statistischen Prognoseverfahren etwa *Höbbel,* S. 262 ff; *Berckhauer/Hasenpusch* in *Schwind/Steinhilper,* S. 303 ff.

272 Zur Bedeutung dieser Merkmale für die künftige Legalbewährung vgl. *Albrecht* (1982), S. 37 ff.

### *a) Sozial- und legalbiographische Daten der Ersatzfreiheitsstrafenverbüßer*

Albrecht vergleicht in seiner Untersuchung zunächst die Belastungsfaktoren der Personen, die eine gegen sie verhängte Geldstrafe entweder sofort oder zumindest nach Gewährung von Zahlungserleichterungen bezahlt haben, mit den Belastungsmerkmalen von Personen, gegen die die Ersatzfreiheitsstrafe angeordnet oder gar vollstreckt werden mußte.

Dabei stellte er fest[273], daß die Personen, die die Geldstrafe zumindest nach Gewährung von Zahlungserleichterungen bezahlten, weitgehend sozial integriert waren. Der von Albrecht erhobene Befund bestätigt damit die These, daß die Geldstrafe bei dem sozial integrierten Durchschnittsbürger die richtige Sanktion ist. In der Regel ist sie indiziert bei Erst- bzw. Gelegenheitstätern[274]. Nur 1 % der Personen, die die Geldstrafe ordnungsgemäß zahlten, waren ohne Arbeit, der Anteil der ungelernten Arbeiter betrug 16 %. 20 % der Personen waren allerdings schon vorbestraft, wobei aber nur 5 % eine unbedingte Freiheitsstrafe als Vorstrafe hatten. In 5 % der Fälle lag die letzte Vorstrafe ein Jahr oder weniger zurück. 32 % der Personen lebten allein. 35 % waren unter 30 Jahren alt. Der Anteil von Diebstahlsdelikten betrug 11 %. Die Wiederverurteilungswahrscheinlichkeit dieser Gruppe betrug bei Personen, die die Geldstrafe sofort bezahlten, 18 %, bei den Personen, die nach Gewährung von Zahlungserleichterungen die Geldstrafe zahlten, 26 %[275].

Wesentlich ungünstiger im Hinblick auf die Belastungsfaktoren sah hingegen die Situation bei den Personen aus, die eine Ersatzfreiheitsstrafe zu verbüßen hatten. Diese Gruppe war geprägt durch eine erhebliche wirtschaftliche und soziale Mängellage[276]. 16 % der Ersatzfreiheitsstrafengruppe war nach eigenen Angaben arbeitslos[277]. In 35 % der Fälle handelte es sich um un- bzw. angelernte Arbeiter. Albrecht stellte dabei fest, daß bei den Arbeitslosen der Anteil der zu vollstreckenden Ersatzfreiheitsstrafen hoch war[278]. In 50 % der Fälle konnten die Arbeitslosen die Geldstrafe bezahlen, in 16,7 % der Fälle

---

[273] *Albrecht* (1982), S. 166.

[274] *Albrecht* (1982), S. 195; vgl. auch *Kaiser* (1970), S. 99; *Zipf,* ZStW 86, 513, 535; *Tröndle,* ÖJZ 1975, 589, 599.

[275] *Albrecht* (1982), S. 192.

[276] *Albrecht* (1982), S. 166.

[277] Der Anteil der Arbeitslosen an der Gesamtgruppe erscheint außerordentlich gering. Möglicherweise war Anfang der siebziger Jahre der Anteil der Arbeitslosen aber tatsächlich noch unbedeutend, was sich daraus erklären könnte, daß viele berufstätige Personen aus verschiedenen Gründen (lieber die Strafe abzusitzen, wirtschaftliche Schwierigkeiten etc.) die Ersatzfreiheitsstrafe verbüßten. Z.Zt. dürfte der Anteil der Arbeitslosen wesentlich höher sein; vgl. *Schädler,* ZRP 1985, 186, 189.

[278] Zur Bedeutung der Erwerbslosigkeit für die Legalbewährung vgl. *Kober,* S. 154 f; *Marks,* BewHi 1985, 202, 203; zum Problem der Arbeitslosigkeit für die Strafrechtspflege *Mutz,* BewHi 1985, 190.

geschah dies immerhin noch nach Anordnung der Ersatzfreiheitsstrafe, in 33,3 % der Fälle aber mußte die Ersatzfreiheitsstrafe vollstreckt werden[279].

Besonders ungünstig war auch die Vorstrafenbelastung[280]. 72 % der Ersatzfreiheitsstrafenverbüßer waren vorbestraft. 60 % derjenigen, die eine Ersatzfreiheitsstrafe zu verbüßen hatten, hatten vorher zumindest eine Geldstrafe erhalten, 19 % sogar drei und mehr. 38 % hatten eine Freiheitsstrafe mit Bewährung als Vorverurteilung, 35 % hatten schon eine Freiheitsstrafe verbüßt, wobei 17 % sogar drei und mehr Freiheitsstrafen zu verbüßen hatten. Dabei lag die letzte Vorstrafe in 27 % der Fälle ein Jahr oder weniger zurück. 16 % hatten in den zurückliegenden drei Jahren zumindest eine Freiheitsstrafe zu verbüßen. Der Anteil der unter Dreißigjährigen lag bei 55 %[281].

In einem Vergleich der fünf verschiedenen „Sanktionsgruppen", Freiheitsstrafe ohne und mit Bewährung, der Ersatzfreiheitsstrafengruppe, der angeordneten, aber nicht vollstreckten Ersatzfreiheitsstrafe sowie letztlich der übrigen Geldstrafenschuldner, kam Albrecht zu dem Ergebnis, daß sich die Quoten solcher Ausprägungen, der Variablen Berufsposition, Stellung im Arbeitsprozeß, Familienstand und Vorstrafenbelastung, in den drei erstgenannten Gruppen fast vollständig entsprechen. In ihrer Kombination weisen sie auf erhebliche Defizite im Bereich der sozialen Integration hin.

Die Vergleichbarkeit der Ersatzfreiheitsstrafenverbüßer mit normalen Freiheitsstrafenverbüßern zeigt sich auch an der Wiederverurteilungswahrscheinlichkeit: Während die Wiederverurteilungsquote bei Personen, die zu einer Geldstrafe verurteilt worden waren, 18 bzw. 26 % (s.o.) betrug, stellte Albrecht fest, daß die Ersatzfreiheitsstrafenverbüßer zu 66 % erneut verurteilt wurden[282]. Die Personen, gegen die von vornherein eine bedingte oder unbedingte Freiheitsstrafe verhängt worden war, wurden zu 55 bzw. 75 % erneut verurteilt[283].

Die Vergleichbarkeit der Gruppen zeigt sich dabei insbesondere auch an der Deliktsart[284]. Etwa die Hälfte der Ersatzfreiheitsstrafenverbüßer wurde wegen Diebstahls und Betruges verurteilt. Die andere Hälfte bestand aus Personen, die wegen Straßenverkehrsdelikten verurteilt worden waren[285]. Bei

---

[279] *Albrecht* (1980), S. 260.

[280] Zur Bedeutung der Vorstrafenbelastung für die künftige Legalbewährung vgl. auch *Dünkel*, MschrKrim 1981, 279, 283; *Klotz*, S. 22 f.

[281] Zur Bedeutung des Alters vgl. auch *Kaiser* (1980), S. 149 ff; vor allem in jungen Jahren ist mit Straftaten zu rechnen.

[282] *Albrecht* (1982), S. 192; selbst nicht vorbestrafte Ersatzfreiheitsstrafenverbüßer wurden zu 41 % erneut verurteilt (S. 194).

[283] *Albrecht* (1982), S. 169 f, 197 ff.

[284] Zur Bedeutung der Deliktsart vgl. auch *Dünkel*, MschrKrim 1981, 279, 281; *Klotz*, S. 22.

[285] *Albrecht* (1982), S. 193; nicht ganz so hoch sind allerdings die von *Hasenpusch/Steinhilper*, S. 205 mitgeteilten Zahlen; *Schädler* weist darauf hin, daß in letzter Zeit zu

dieser letzten Gruppe machte Albrecht jedoch die Feststellung, daß sich die Vorverurteilungen dieser Personen fast ausschließlich auf Delikte der klassischen Kriminalität, nämlich auf Eigentums- und Vermögensdelikte bezogen[286]. Ganz ähnlich stellt sich die Situation bei den Freiheitsstrafenverbüßern dar. Der Personenkreis, der immer wieder mit denselben kleinen und mittleren Vermögensdelikten auffällt, bildet gerade die typische Population in vielen Justizvollzugsanstalten. Es ist davon auszugehen, daß dieser Personenkreis einen Teil seines Lebensunterhaltes durch die Begehung von Straftaten bestreitet. Diesen Personen ist entsprechend häufig eine ungünstige Prognose zu erstellen. Eine Einwirkung auf sie mittels Strafe erweist sich in aller Regel als wenig wirkungsvoll, da die abschreckende Wirkung der Strafe durch die mit dem abweichenden (kriminellen) Verhalten erzielten „Erfolge" (Diebesgut, häufiges Nicht-erwischt-Werden etc.) ausgeglichen wird. Grundsätzlich wird man feststellen können, daß hier nur ingetrationsfördernde Maßnahmen eine Hilfe zur Legalbewährung darstellen können.

Die von Albrecht gemachten Feststellungen sind im Ergebnis auch durch andere Untersuchungen bestätigt worden[287]. Interessant ist dabei die von Schädler durchgeführte Erhebung: Er berichtet über eine Befragung von Personen, die trotz des Angebots an gemeinnütziger Arbeit die Ersatzfreiheitsstrafe zu verbüßen hatten. Schädler[288] stellte in einer Querschnittsuntersuchung fest, daß die von ihm befragten Personen erheblich strafrechtlich vorbelastet waren. Gegen diese Personen wurden auch Geldstrafen mit hohen Tagessätzen verhängt. Im Durchschnitt betrug die Verbüßungszeit 62 Tage. Dabei hatten 20 von 60 Befragten mehr als 5 Vorstrafen, davon 13 mehr als 7 Vorstrafen. Die soziale und wirtschaftliche Situation stellte sich als desolat dar: Von 75 Befragten waren 48 ohne festen Wohnsitz, 38 Personen waren Sozialhilfeempfänger oder hatten überhaupt kein Einkommen. 27 Personen erhielten Arbeitslosengeld oder Arbeitslosenhilfe. Lediglich 7 Personen standen vor Antritt der Ersatzfreiheitsstrafe in einem Arbeitsverhältnis. In einer Vielzahl der genannten Fälle ist von einer erheblichen Alkoholgefährdung auszugehen.

Zusammenfassend läßt sich feststellen, daß sich die Ersatzfreiheitsstrafengruppe im Prinzip aus zwei Teilgruppen zusammensetzt: Soweit Alternativen zur Ersatzfreiheitsstrafenvollstreckung nicht vorhanden sind, ist davon auszugehen, daß häufig Personen eine Ersatzfreiheitsstrafe zu verbüßen haben, die tatsächlich (unverschuldet) nicht in der Lage sind, die Geldstrafe zu bezahlen. Dabei dürfte die Ursache für die Nichtzahlung der Geldstrafe häufig in einer

---

beobachten sei, daß der Anteil der Eigentums- und Vermögensdelikte zunimmt, vgl. *Schädler,* ZRP 1983, 5, 7.

[286] *Albrecht* (1982), S. 193; *ders.,* MschrKrim 1981, 265, 269.

[287] *Rolinski* (1981); *Schädler* (1985), vgl. auch *Hansen* in *Jescheck* (1983), S. 535, der von einer norwegischen Untersuchung berichtet.

[288] *Schädler,* ZRP 1985, 186.

plötzlich eintretenden Arbeitslosigkeit zu suchen sein, daneben aber auch in einer schon immer vorhandenen hohen Verschuldung, die es dem Geldstrafenschuldner weitgehend unmöglich macht, die Geldstrafe ordnungsgemäß zu bezahlen. Dieser Personenkreis wird noch als weitgehend sozial integriert anzusehen sein, was sich insbesondere an einer geringen Vorstrafenbelastung zeigt.

Daneben gibt es aber den „harten Kern" der Ersatzfreiheitsstrafenverbüßer, der auch bei funktionsfähigen Alternativen zum Freiheitsentzug die Ersatzfreiheitsstrafe zu verbüßen hat. Diese Personen kommen häufig aus der untersten sozialen Schicht, sind oftmals ohne festen Wohnsitz, ohne feste Arbeit und soziale Bindung und dazu noch mit erheblichen Alkoholproblemen belastet. Ihre Vorstrafenbelastung ist nicht unerheblich, wobei die von dieser Personengruppe begangenen Straftaten aber eher im unteren Bereich der Kriminalität anzusiedeln sind. Dieses dürfte für den Richter ausschlaggebend gewesen sein, auf eine Geldstrafe und nicht auf eine Freiheitsstrafe zu erkennen[289].

### *b) Das Ergebnis der Prognose*

Bei der Erstellung einer Prognose für die künftige Legalbewährung nach § 57 I StGB ist zu fragen, inwieweit es verantwortet werden kann zu erproben, ob der Verurteilte außerhalb des Strafvollzuges keine Straftaten mehr begehen wird. Mit dieser gegenüber dem § 26 I StGB aF – nach dieser Vorschrift konnte eine Restaussetzung der Strafe erfolgen, wenn die Führung eines gesetzmäßigen und geordneten Lebens zu erwarten war – erweiterten Fassung hat der Gesetzgeber klargestellt, daß keine Gewißheit vorhanden sein muß, es vielmehr ausreichend ist, wenn die begründete Aussicht auf Resozialisierung des Täters besteht. Es muß zumindest eine gewisse Wahrscheinlichkeit dafür bestehen, daß der Verurteilte auch ohne weitere Strafverbüßung keine Straftaten mehr begehen wird[290].

Ob eine derartige Hoffnung auf eine künftige Legalbewährung bei einer Wiederverurteilungswahrscheinlichkeit von 66 %, wie Albrecht sie ermittelt hat, immer besteht, muß bezweifelt werden. Bei der von Albrecht ermittelten Zahl ist auch zu bedenken, daß die Erhebung Anfang der siebziger Jahre durchgeführt wurde, zu einem Zeitpunkt also, als Alternativen zum Ersatzfreiheitsstrafenvollzug kaum entwickelt waren. Die Untersuchung von Schäd-

---

[289] Zur Wahl zwischen Geld- und Freiheitsstrafe vgl. *Dreher-Tröndle,* § 47 Rn 2 ff; *Schönke-Schröder-Stree,* § 47 Rn 10 ff; *Hirsch,* LK, § 47 Rn 10 ff; *Horn,* SK, § 47 Rn 8 ff.

[290] Vgl. *BGH* JR 1970, 347; *OLG Köln* MDR 1970, 861; *Schönke/Schröder/Stree,* § 57 Rn 12; *Ruß,* LK, § 57 Rn 10 spricht von der „Hoffnung" auf eine künftige Legalbewährung; vgl. auch *Horn,* SK, § 57 Rn 9; wesentlich weiter *Frisch,* S. 142 ff, der nur bei erheblichen, im Schwellenbereich zur Sicherungsverwahrung liegenden Straftaten eine Vollverbüßung für erforderlich erachtet.

ler hat gezeigt, daß bei funktionierenden Alternativen die kriminogene Belastung der Personen, die dann noch eine Ersatzfreiheitsstrafe zu verbüßen haben, erheblich ist, so daß die Wiederverurteilungswahrscheinlichkeit auf diese Gruppe bezogen noch höher anzusetzen sein wird.

Im einzelnen wird von folgendem auszugehen sein: Für die Frage, ob eine Erprobung verantwortet werden kann, spielt das vom Täter gezeigte kriminelle Verhalten eine bedeutsame Rolle. Dabei wird davon auszugehen sein, daß ein Erstverbüßer aus dem erlittenen Freiheitsentzug seine Lehren gezogen hat und demzufolge weitere Straftaten nicht begehen wird. Hier wird regelmäßig eine vorzeitige Entlassung aus der Haft verantwortbar sein[291].

Die von Albrecht ermittelten Zahlen, wonach die Wiederverurteilungswahrscheinlichkeit bei einem Ersttäter mit etwa 40 % erheblich unter der ansonsten anzunehmenden Quote liegt, allerdings immer noch recht beträchtlich ist, zeigen, daß die hohe Aussetzungsquote auch berechtigt ist. Da nach der Erhebung von Albrecht ein Großteil der Ersatzfreiheitsstrafenverbüßer strafrechtlich kaum in Erscheinung getreten ist – 65 % der Personen waren zum ersten Mal in Haft[292] –, wird bei diesen Personen in aller Regel eine günstige Prognose zu erstellen sein. Dies dürfte im Grundsatz auch bei Personen gelten, die sich zuvor einmalig in Haft befanden[293]. Damit läßt sich feststellen, daß bei den Personen, die zu Anfang der siebziger Jahre eine Ersatzfreiheitsstrafe zu verbüßen hatten, zu einem großen Teil eine Restaussetzung der Strafe angesichts einer günstigen Prognose erfolgt wäre.

Dies bedeutet aber nicht, daß etwa drei Viertel der Ersatzfreiheitsstrafenverbüßer mit einer Restaussetzung der Strafe zu rechnen hätten. Es ist davon auszugehen[284], daß die „leichteren“ Fälle häufig auch eher kurze Ersatzfreiheitsstrafen zu verbüßen haben und somit gar nicht in den Anwendungsbereich einer Restaussetzung gelangen. Problematisch ist der „harte Kern“ der Ersatzfreiheitsstrafenverbüßer, der längere Strafen zu verbüßen hat und somit auch für eine Restaussetzung der Strafe in Betracht kommt. Wie die Untersuchungen von Albrecht und Schädler gezeigt haben, ist dieser Personenkreis erheblich strafrechtlich vorbelastet[295], die soziale Lage stellt sich als desolat dar. Ob hier tatsächlich eine günstige Prognose für das künftige Leben erstellt werden kann, muß bezweifelt werden. Es ist auch zu berücksichtigen, daß die Rückfallwahrscheinlichkeit nicht so sehr von der Strafhöhe, als vielmehr vom

291 So *OLG Schleswig,* SchlHA 80, 171; *Dreher/Tröndle,* § 57 Rn 6; *Horn,* SK, § 57 Rn 9.

292 *Albrecht* (1980), 260 ff, 264.

293 *Albrecht* (1980), 264; allerdings nimmt schon bei einer Vorverbüßung die Chance auf eine vorzeitige Entlassung erheblich ab, nach *Böhm/Erhard,* MschrKrim 1984, 365, 374 von 85,7 % auf 56,5 %.

294 Die Praxis zeigt, daß mit Zunahme der Straftaten auch die Strafhöhe steigt.

295 Immerhin hatte 17 % der Personen schon mindestens dreimal eine Freiheitsstrafe zu verbüßen gehabt, vgl. *Albrecht* (1980), 264.

Delikt und den persönlichen Vorbelastungen des Verurteilten abhängt[296]. Bei einer Reihe von Ersatzfreiheitsstrafenverbüßern stellt sich die Straftat, die zu der Geldstrafe geführt hat, lediglich als ein Bruch in der Straftatensequenz dar. Vor und auch nach der Geldstrafenverurteilung wurden schwerere Straftaten begangen, die dann mit Freiheitsstrafe geahndet wurden[297].

Es stellt sich die Frage, ob diese Personen überhaupt zu einer Geldstrafe hätten verurteilt werden dürfen, und ob nicht die bedingt oder die unbedingt ausgesprochene Freiheitsstrafe die angemessene Sanktion gewesen wäre. Nach § 47 I StGB darf eine kurze Freiheitsstrafe nur verhängt werden, wenn diese zur Einwirkung auf den Täter oder zur Verteidigung der Rechtsordnung unerläßlich ist. Dies ist aber nicht so zu verstehen, daß generell die Verhängung einer (kurzen) Freiheitsstrafe die Ausnahme bilden soll. Es ist zu unterscheiden zwischen der bedingt und der unbedingt ausgesprochenen Freiheitsstrafe. Der Richter hat diejenige Sanktion zu wählen, die nach seiner Ansicht den relativ größten Erfolg zeigen wird[298]. Eine mit der Anordnung von Bewährungsmaßnahmen verbundene bedingte Freiheitsstrafe kann zur Einwirkung auf den Täter möglicherweise unerläßlich sein, so daß insofern die Verhängung der Freiheitsstrafe zulässig wäre. Ist zu erwarten, daß die Freiheitsstrafe völlig aussichtslos ist, oder sieht der Richter keinen Einwirkungsbedarf auf den Täter, darf nur auf Geldstrafe erkannt werden[299].

Die von den Ersatzfreiheitsstrafenverbüßern begangenen Straftaten liegen in aller Regel im unteren Bereich der Kriminalität. In diesem Bereich „konkurriert" die Geldstrafe mit der bedingt ausgesetzten Freiheitsstrafe. Das Unrecht der Tat und die Schuld des Täters sind nicht derart groß, daß eine hohe Strafe angemessen wäre. Wenn der Richter sich zur Verhängung einer Geldstrafe entschieden hat, dürfte das vielfach darin begründet sein, daß er durch die Geldstrafe und die damit verbundene Zahlungsverpflichtung dem Verurteilten ein Übel auferlegen wollte. Die Verurteilung zu einer Geldstrafe bedingt eine Beschränkung des Lebensstandards. Die Verurteilung zu einer bedingten Freiheitsstrafe wäre zumindest dann, wenn keine Geldzahlungsauflage angeordnet wird, die mildere Bestrafung. Insofern kann zur Einwirkung auf den Täter die Verhängung einer Geldstrafe geboten sein. Die Verhängung einer Freiheitsstrafe ist in der Regel erst bei schwereren Straftaten die angemessene Sanktion. Die mit der Verhängung einer Freiheitsstrafe verbundene psychologische Wirkung auf den Täter sollte nicht zu früh verbraucht werden[300].

---

[296] Vgl. *Kiwull,* S. 79; *Feltes,* S. 14; *Albrecht,* MschrKrim 1981, 265, 272 f; *ders.* (1982), S. 227; *Weigend,* JZ 1986, 260, 266.

[297] Vgl. hierzu *Albrecht* (1982), S. 194 f.

[298] Vgl. ausführlich *Horn,* SK, § 47 Rn 10 ff; kritisch *Dreher/Tröndle,* § 47 Rn 7.

[299] Vgl. *Horn,* SK, § 47 Rn 20.

[300] Zu den Erfahrungen mit kurzen ausgesetzten Freiheitsstrafen vgl. *Kober,* S. 30 ff, 169 m.w.Nw.

Die Gründe, die den Richter zur Verhängung einer Geldstrafe veranlaßt haben, können also vielfältiger Art gewesen sein. Daß er die falsche Sanktion gewählt hat, läßt sich nicht feststellen. Im folgenden ist nun zu fragen, ob nicht trotz der hohen kriminogenen Belastung und trotz der hohen Wiederverurteilungswahrscheinlichkeit die Prognose auch bei der problematischen Gruppe der Ersatzfreiheitsstrafenverbüßer in aller Regel günstig ausfallen wird. Dabei ist folgendes zu bedenken:

Will man die Aussetzungswahrscheinlichkeit in etwa bestimmen, so erscheint es angesichts der von Albrecht getroffenen Feststellung, daß die Ersatzfreiheitsstrafenverbüßer mit den normalen Freiheitsstrafenverbüßern vergleichbar sind, zunächst von Bedeutung, in welchem Umfange die Gerichte trotz einer hohen Rückfallwahrscheinlichkeit den Rest der Strafe aussetzen, wie hoch also die Risikobereitschaft einzustufen ist[301]. Dabei ist festzustellen, daß die Gerichte in hohem Maße von der ihnen nach § 57 I StGB eingeräumten Möglichkeit Gebrauch machen[302]. Bei den kurzen Freiheitsstrafen unter sechs Monaten beträgt die Aussetzungsquote bei den tatsächlich zur Entscheidung vor die Strafvollstreckungskammern kommenden Fälle nach den von Böhm/Erhard 1982 für Hessen ermittelten Zahlen immerhin 77 %[303]. Die Aussetzungsquote verringert sich allerdings beträchtlich, wenn man in die Berechnung die Zustimmungsverweigerungen einbezieht. Sie beträgt dann nur noch 55,6 %[304]. Erklärt werden kann diese hohe Diskrepanz einmal damit, daß eine Reihe von Inhaftierten es vorzieht, die Strafe voll zu verbüßen. Bedeutsamer dürfte aber sein, daß die Zustimmungsverweigerer keine Chance sehen, vorzeitig aus der Haft entlassen zu werden.

Die aussetzungsfreundliche Praxis der Gerichte steht auch im Einklang mit der gesetzlichen Regelung. Dies ergibt sich einmal daraus, daß die hier infrage kommenden Aussetzungsfälle eher leichterer Natur sind, die kriminelle Haltung der Täter dürfte sich noch nicht derart verfestigt haben, daß eine Aussetzung der Strafe nicht mehr verantwortbar ist. Zum anderen dürfte bei der Entscheidung in einem gewissen Umfang auch das Gewicht der von dem Verurteilten in Zukunft zu erwartenden Straftaten eine Rolle spielen[305], d.h., daß bei möglichen schwereren Straftaten eine Restaussetzung der Strafe eher nicht

---

301 Zu den von den Gerichten verwendeten Kriterien für die Prognoseentscheidung vgl. *Dünkel*, MschrKrim 1981, 279; *Aufsattler u.a.*, MschrKrim 1982, 305; *Ohle*, Kriminologische Praxis 1984, 16, 21; *Böhm/Erhard*, MschrKrim 1984, 365; *Dünkel/Ganz*, MschrKrim 1985, 157.

302 Vgl. hierzu *Heinz*, MschrKrim 1981, 148, 166; *Ohle*, Kriminologische Praxis 1984, 16, 17; zu den Fehlerquellen bei den Abgangsdaten der Strafvollzugsstatistik vgl. *Böhm/Erhard*, MschrKrim 1984, 365, 367.

303 *Böhm/Erhard*, MschrKrim 1984, 365, 373.

304 Vgl. *Böhm/Erhard*, MschrKrim 1984, 365, 373.

305 Vgl. hierzu *Ruß*, LK, § 57 Rn 11; *Schönke/Schröder/Stree*, § 57 Rn 16; *Terhorst*, MDR 1973, 627, 628 f; *Müller-Dietz*, NJW 1973, 1065, 1067; *Meynert*, MDR 1974, 807, 808; *Mrozynski*, JR 1983, 133, 136.

verantwortbar ist, man aber bei möglichen leichteren Straftaten eine Restaussetzung eher wird verantworten können. Die Auffassung von Frisch[306] allerdings, bei leichteren Straftaten habe praktisch immer eine Restaussetzung zu erfolgen, dürfte mit der gesetzlichen Regelung nicht in Einklang zu bringen sein, da vorausgesetzt wird, daß *keine* Straftaten mehr begangen werden. Da es sich bei den von den Ersatzfreiheitsstrafenverbüßern begangenen Straftaten eher um Fälle der leichteren Kriminalität handelt, wird man hier auch eine Strafrestaussetzung verantworten können[307].

Unter Zugrundelegung obiger Zahlen ist zu erwarten, daß auch bei der Ersatzfreiheitsstrafe der Anteil der Strafaussetzungen zumindest in ähnlicher Höhe wie bei der Aussetzung normaler Freiheitsstrafen liegen dürfte, möglicherweise sogar erheblich darüber. Daß die Aussetzungsquote noch wesentlich höher liegen wird, egibt sich daraus, daß schon das Gericht die Verhängung einer Freiheitsstrafe für nicht erforderlich hielt. Treten keine neuen Umstände hinzu, die Anlaß zu einer ungünstigen Prognose geben, wird von einer Aussetzung der Reststrafe auszugehen sein.

Anders sieht es allerdings insbesondere dann aus, wenn der Täter in der Zwischenzeit erneut straffällig geworden ist. Diese Situation wird nicht selten sein. Zwischen Verhängung der Geldstrafe und Vollstreckung der Ersatzfreiheitsstrafe liegt eine beträchtliche Zeitspanne – nach Feststellung von Albrecht immerhin 14 Monate[308]. Gerade die Ersatzfreiheitsstrafenverbüßer werden im Vergleich zu anderen Sanktionsgruppen recht schnell erneut straffällig[309].

Aber auch bei einer erneuten Straffälligkeit dürfte die Erstellung einer ungünstigen Prognose nicht zwingende Folge sein. Häufig wird bei der Wiederverurteilung nur eine Geldstrafe verhängt, somit auch dann noch vom Gericht die Notwendigkeit eines Freiheitsentzuges verneint[310]. Nur dann, wenn sich der Delinquent vor Vollstreckung der Ersatzfreiheitsstrafe erneut erheblich strafbar gemacht hat, und das Gericht nicht umhin konnte, gegen ihn eine Freiheitsstrafe ohne Bewährung zu verhängen[311], wird auch die Prognose im Rahmen von § 57 I StGB für den Delinquenten ungünstig ausfallen.

Trotz der erheblichen strafrechtlichen Vorbelastungen und im Hinblick auf die hohe Wiederverurteilungswahrscheinlichkeit handelt es sich doch eher um

---

306 *Frisch*, S. 144 f.

307 Zur Bedeutung der begangenen Straftat für die Prognose vgl. *Horn*, SK, § 57 Rn 9; *Terhorst*, MDR 1973, 627, 630.

308 *Albrecht* (1980), S. 294.

309 Vgl. *Albrecht* (1982), S. 166, 192; ein Rückfall ereignete sich im Durchschnitt nach 16 Monaten.

310 Nach *Albrecht* (1982), S. 192 in 56 von 154 Wiederverurteilungsfällen.

311 Immerhin in 61 von 154 Wiederverurteilungen, vgl. *Albrecht* (1982), S. 192, allerdings in einem Legalbewährungszeitraum von fünf Jahren.

Ausnahmefälle, wenn eine Restaussetzung mangels einer günstigen Prognose zu versagen ist. Im Grundsatz wird man feststellen müssen, daß in der Regel die Prognose für den Verurteilten günstig ausfallen wird. Das hat zur Folge, daß die meisten Ersatzfreiheitsstrafenverbüßer nach Teilverbüßung ihrer Strafe aus der Haft entlassen werden.

Fraglich ist, wie dieses Ergebnis zu bewerten ist. Zunächst kann dies insofern als unproblematisch angesehen, als auch Personen, gegen die zur Verteidigung der Rechtsordnung eine Freiheitsstrafe verhängt wurde und bei denen die Strafe vollstreckt wird, in der Regel eine Restaussetzung nach Teilverbüßung der Strafe erhalten[312].

Bedenklich ist dieses Ergebnis aber, da viele Geldstrafenschuldner sich bemühen, die ihnen auferlegte Geldstrafe ordnungsgemäß zu bezahlen. Es muß als problematisch angesehen werden, wenn gerade die Personen, die die Ersatzfreiheitsstrafe zu verbüßen haben und demnach dem richterlichen Erkenntnis gar nicht nachkommen, einen Teil ihrer Strafe erlassen bekommen.

### 4. Die Bedeutung der §§ 56 a ff StGB

Der Teilerlaß der Ersatzfreiheitsstrafe könnte aber insofern gerechtfertigt sein, als den Ersatzfreiheitsstrafenverbüßern Auflagen gemacht werden könnten, die einen Ausgleich zu der Restaussetzung der Strafe darstellen[313]. Eine Aussetzung der Ersatzfreiheitsstrafe nach § 57 I StGB könnte auch sinnvoll und geboten sein, um den Verurteilten nach dem Freiheitsentzug durch die Erteilung von Weisungen nach den §§ 56 c und 56 d StGB bei der Wiedereingliederung in die Gesellschaft zu unterstützen[314]. Im folgenden ist von daher zu prüfen, inwieweit die §§ 56 a ff StGB bei einer Ersatzfreiheitsstrafe Bedeutung erlangen können.

#### *a) Bewährungszeit*

Die erste Frage ist, ob die mit einer Restaussetzung verbundene Bewährungszeit auf einen Ersatzfreiheitsstrafenverbüßer paßt, bei dem der Richter der Ansicht gewesen ist, daß die Verhängung einer Freiheitsstrafe zur Einwirkung auf den Täter nicht erforderlich sei. Es fragt sich also, welchen Zweck eine obligatorische Bewährungszeit von mindestens zwei Jahren bei diesem Täter haben soll[315].

---

312 Vgl. *Dölling,* NStZ 1981, 86, 89.

313 Vgl. *Grebing* in *Jescheck/Grebing,* S. 153.

314 So *Dölling,* NStZ 1981, 86, 89.

315 Vgl. *Horn,* SK, § 57 Rn 3.

Der Sinn einer Bewährungszeit ist es, auf den Täter Druck auszuüben, um ihn von weiteren Straftaten abzuhalten. Durch den Druck einer erneuten Inhaftierung bei einem Verstoß gegen Auflagen oder Weisungen oder gar bei einer erneuten Straffälligkeit soll der Verurteilte zu einem straffreien Leben angehalten werden. Sieht man sich die erhebliche kriminelle Belastung der Personen an, die eine Ersatzfreiheitsstrafe zu verbüßen haben, und bedenkt, daß die Möglichkeit einer erneuten Straffälligkeit recht naheliegend ist, so erscheint eine Bewährungszeit von zwei Jahren nicht unpassend. Es ist dabei nicht entscheidend, daß der Richter nicht auf eine Freiheitsstrafe erkannt hat. Die Entscheidung für eine Geldstrafe dürfte mit der Hoffnung verbunden gewesen sein, die Geldstrafe sei zur Einwirkung auf den Täter ausreichend[316]. Diese Hoffnung erfüllt sich vielfach nicht. Eine Bewährungszeit vermag demnach bei den Ersatzfreiheitsstrafenverbüßern durchaus eine Funktion zu erfüllen.

Die weitere Frage ist, ob nicht eine Bewährungszeit von mindestens zwei Jahren angesichts eines häufig sehr geringen Strafrestes unverhältnismäßig lang ist[317].

Wenn eine Bewährungszeit von mindestens zwei Jahren als unverhältnismäßig lang angesehen wird, so dürfte dahinter der Gedanke stehen, daß die mit der Bewährungszeit für den Verurteilten verbundenen Belastungen zu hoch seien[318]. Eine besondere Belastung tritt an sich aber nur dann ein, wenn Auflagen oder Weisungen, insbesondere eine Bewährungsaufsicht angeordnet worden sind. Kommen diese Maßnahmen aber bei einer Restaussetzung der Ersatzfreiheitsstrafe nicht in Betracht – dieser Frage wird sogleich nachzugehen sein –, ist die mit einer Bewährungszeit von zwei Jahren verbundene Beeinträchtigung für den Verurteilten recht gering. Die „Belastung" besteht allein darin, daß von ihm in einem bestimmten Zeitraum ein straffreies Leben erwartet wird. Insbesondere angesichts der (naheliegenden) Möglichkeit, daß der Ersatzfreiheitsstrafenverbüßer erneut straffällig werden könnte, erscheint eine Bewährungszeit von zwei Jahren, die den Delinquenten zu einem straffreien Leben anhalten soll, nicht zu lang.

### *b) Auflagen*

Fraglich ist weiter, ob durch die Erteilung von Auflagen (§ 56 b StGB) ein Ausgleich für eine Restaussetzung der Ersatzfreiheitsstrafe bewirkt würde.

---

[316] Vgl. ausführlich oben D II 3 b).

[317] Vgl. *Hinze,* Rpfleger 1976, 422, 424.

[318] Grundsätzlich zu der Frage, ob die Dauer der Bewährungszeit in einem gewissen Verhältnis zur Strafhöhe zu stehen hat, *Dreher/Tröndle,* § 56 a Rn 1; verneinend *Horn,* SK, § 56 a Rn 2; *Ruß,* LK, § 56 a Rn 3.

Auflagen üben eine Genugtuungsfunktion aus. Ähnlich wie eine Strafe sollen sie einen Ausgleich für begangenes Unrecht darstellen. Bei einer Strafaussetzung gemäß § 56 StGB haben Auflagen eine gewisse Funktion, weil mit dem Urteilsspruch für den Täter unangenehme Folgen verbunden werden können, so daß die Verurteilung zu einer bedingten Freiheitsstrafe nicht wie ein Freispruch erscheint. Bei einer Strafrestaussetzung ist ihr Sinn ausgesprochen zweifelhaft[319], denn durch die Verbüßung von zwei Dritteln der Strafe dürfte dem Genugtuungsbedürfnis der Gesellschaft ausreichend Rechnung getragen sein. Der Anwendungsbereich ist insofern notwendigerweise gering. Entsprechend wird auch in der Praxis von der Erteilung von Auflagen nur in geringem Umfange Gebrauch gemacht[320].

Bei Ersatzfreiheitsstrafen kommt damit die Anordnung von Auflagen kaum in Betracht. Dies insbesondere auch deshalb nicht, weil keine Auflagen auferlegt werden dürfen, die der Verurteilte nicht erbringen kann, so daß der Widerruf der Strafaussetzung droht[321]. Dies folgt aus dem Grundsatz, daß dem Verurteilten keine unzumutbaren Leistungen abverlangt werden dürfen (vgl. § 56 b I 2 StGB). Angesichts der schlechten wirtschaftlichen Verhältnisse kommt von daher die Erteilung von Auflagen sowohl in Form der Geldbuße als auch der Schadenswiedergutmachung[322] kaum in Betracht.

Allerdings könnte die Auflage, einen Geldbetrag an eine gemeinnützige Einrichtung oder an die Staatskasse zu zahlen, dann sinnvoll sein, wenn der Eindruck entsteht, der Verurteilte zahle mißbräuchlich die Geldstrafe nicht, um so in den Vorteil einer Strafrestaussetzung zu gelangen. Durch die Erteilung einer Auflage könnte auf den Verurteilten ein Druck ausgeübt und er doch noch zu einer (Teil-)Zahlung der Geldstrafe veranlaßt werden[323]. Zahlt er nicht, verstößt er gegen Auflagen, und ein Widerruf der Strafaussetzung könnte erfolgen. Hierdurch wäre es möglich, den Einwand gegen eine Strafrestaussetzung zu entkräften, daß Verurteilte – in der Hoffnung auf eine Restaussetzung der Strafe – ihnen mögliche Zahlungen auf die Geldstrafe unterlassen.

Aber weder eine Auflage dergestalt, daß der Verurteilte verpflichtet wird, die restliche Geldstrafe zu zahlen, noch die Auferlegung einer Geldbuße, die sich an der Restgeldstrafe orientieren könnte, erscheint zulässig. Wenn Prei-

---

319 Vgl. hierzu etwa *Schönke/Schröder/Stree,* § 57 Rn 32; *Horn,* SK, § 57 Rn 19.

320 Hierauf weisen *OLG Zweibrücken,* OLGSt. § 57, S. 125, 126; *Dreher/Tröndle,* § 57 Rn 2 a; *Zipf,* JR 1977, 121, 123; *Dölling,* NStZ 1981, 86, 89 hin.

321 Vgl. *LG Hagen* StVert 1985, 465; auch *Ruß,* LK, § 56 b Rn 8; *Schönke/Schröder/Stree,* § 56 b Rn 19; *Riedl,* S. 49.

322 Bemüht sich der Verurteilte um eine Schadenswiedergutmachung, sollte von der Vollstreckung der Ersatzfreiheitsstrafe nach § 459 f StPO abgesehen werden. Eine Anwendung von § 57 I StGB ist nicht geboten. Vgl. unten D III 1 b) aa).

323 In diesem Sinne *Grebing* in *Jescheck/Grebing,* S. 153; vgl. auch *Preisendanz,* JR 1976, 466, 469.

sendanz die erste Möglichkeit mit der Begründung für zulässig erachtet, daß, ähnlich wie bei der Auflage der Schadenswiedergutmachung, nur das verlangt werde, was der Verurteilte ohnehin zu leisten habe[324], so ist dem entgegenzuhalten, daß eine derartige Anweisung mit dem Charakter von Auflagen nicht in Einklang zu bringen ist, weil keine zusätzliche – neben die Strafe – tretende Maßnahme, sondern die Strafe selbst zum Inhalt der Auflage gemacht würde[325]. Dies gilt zunächst für die Auflage, die Geldstrafe zu zahlen, muß aber auch gegen die Auferlegung einer Geldbuße gerichtet sein, soweit diese faktisch darauf zielt, die Geldstrafe durchzusetzen.

Gegen die Auferlegung einer Geldbuße spricht im übrigen auch, worauf das OLG Zweibrücken zu Recht hingewiesen hat, daß es dann nämlich zu einer ungerechtfertigten Doppelzahlung kommen kann, wenn der Verurteilte die Geldbuße bezahlt hat, der Staat aber die Geldstrafe noch beitreiben kann[326].

Zusammenfassend läßt sich damit jedenfalls festhalten, daß die Erteilung von Auflagen bei einer Restaussetzung von Ersatzfreiheitsstrafen kaum praktisch werden dürfte.

### c) *Weisungen*

Angesichts der geschilderten problematischen wirtschaftlichen und sozialen Situation sowie der erheblichen kriminellen Gefährdung der Ersatzfreiheitsstrafenverbüßer könnte allerdings die Möglichkeit, dem Delinquenten Weisungen (§ 56 c StGB) zu erteilen, insbesondere auch die Unterstellung unter Bewährungsaufsicht (§ 56 d StGB), Bedeutung entfalten. So wird gerade in der Möglichkeit, dem Verurteilten Wiedereingliederungshilfen nach dem Freiheitsentzug, der die soziale und wirtschaftliche Situation des Verurteilten nicht gebessert haben dürfte, geben zu können, Sinn und Berechtigung einer Restaussetzung gesehen[327]. Inwieweit dieser Gesichtspunkt eine Restaussetzung zu rechtfertigen vermag, ist nunmehr zu prüfen.

Weisungen sind zulässig und auch geboten[328], wenn der Verurteilte ihrer bedarf, um künftig keine Straftaten mehr zu begehen. Sie besitzen einen rein spezialpräventiven Charakter[329]. Dabei ist der Katalog des § 56 c StGB nicht abschließend. Weisungen sind immer dann zulässig, wenn sie der Resozialisie-

---

324 *Preisendanz,* JR 1976, 466, 468 f; *ders.,* § 57 Anm. 2 c.

325 Vgl. etwa *OLG Hamm* MDR 1977, 422, 423; *OLG Karlsruhe* Die Justiz 1978, 146, 147; *AG Berlin-Tiergarten* NJW 1972, 457; *Horn,* SK, § 57 Rn 3; *Hinze,* Rpfleger 1976, 422, 424.

326 Vgl. *OLG Zweibrücken,* OLGSt. § 57, S. 125, 127; vgl. unten D II 6 a).

327 So *Dölling,* NStZ 1981, 86, 89.

328 Vgl. auch *Schönke/Schröder/Stree,* § 56 c Rn 4, der meint, daß die Erteilung von Weisungen bei einer Strafaussetzung den Regelfall darstellen sollte; in der Praxis werden Weisungen aber eher selten erteilt.

329 Vgl. *Ruß,* LK, § 56 c Rn 1; *Horn,* SK, § 56 c Rn 5.

rung des Täters dienen und wenn ihre Befolgung zumutbar ist. Sie sollen dem Verurteilten bei seinem Bemühen helfen, keine Straftaten mehr zu begehen.

Da auch bei Ersatzfreiheitsstrafenverbüßern ein straffreies Leben in Zukunft nicht unbedingt zu erwarten ist, kommt bei diesen Personen die Erteilung von Weisungen in Betracht. Hinsichtlich der Bedeutung von Weisungen im Rahmen einer Strafrestaussetzung ist zu bedenken, daß diese den Verurteilten lediglich auf Problembereiche hinzuweisen vermögen. Eine effektive Kontrolle sowie eine Durchsetzung der erteilten Weisungen sind zumindest dann kaum gewährleistet, wenn keine Bewährungshilfe angeordnet wurde, wenn also die Bewährungsaufsicht allein beim Gericht liegt. In aller Regel wird der Richter keinen engeren Kontakt zum Delinquenten haben, so daß keine Kontrolle der Bewährungsmaßnahmen erfolgt. Angesichts dieser Problematik wird auch in der Praxis weitgehend darauf verzichtet, Weisungen zu erteilen[330]. Bedeutung haben an sich nur die Weisungen, einen Wechsel des Wohnortes mitzuteilen – dies ist für das Gericht naturgemäß von Interesse –, sowie die Weisung, Unterhaltspflichten nachzukommen. Von daher werden auch Weisungen bei einer Restaussetzung der Ersatzfreiheitsstrafe kaum Bedeutung erlangen. Eine wirksame Hilfe zur Lebensbewältigung vermögen sie nicht zu geben. Insofern können sie einer Restaussetzung der Ersatzfreiheitsstrafe kaum Sinn geben.

Im übrigen ist darauf hinzuweisen, daß sowohl die Weisung, die Geldstrafe zu bezahlen, als auch die Anordnung, die restliche Geldstrafe zu erarbeiten, unzulässig wären, weil diese Weisungen nicht spezialpräventiven Charakters sind, sondern allein die Strafe durchsetzen sollen[331]. Insofern vermögen sie auch nicht, Unbilligkeiten bei einer Strafrestaussetzung auszugleichen.

### *d) Bewährungshilfe*

Das wirksamste Mittel zur Wiedereingliederung des Delinquenten ist seine Unterstellung unter Aufsicht und Leitung eines Bewährungshelfers. Im Hinblick darauf, daß eine Bewährungshilfe erheblich in den persönlichen Lebensbereich des Verurteilten eingreift, wird ihre Anordnung nur dann für zulässig erachtet, wenn andere, weniger einschneidende Weisungen nicht oder weniger geeignet sind, dem Verurteilten zu helfen[332]. Eine Unterstellung unter einen Bewährungshelfer soll nur dann in Betracht kommen, wenn ohne diese Anordnung dem Verurteilten keine günstige Prognose erstellt werden kann[333].

---

330 Vgl. *Ruge*, S. 42 f; *Sydow*, S. 42 f.

331 Vgl. *Horn*, SK, § 57 Rn 3.

332 So BT-Drucks. V/4094, S. 12; vgl. auch *Sturm*, JZ 1970, 81, 86.

333 Vgl. *OLG Hamm* GA 1977, 78; *Dreher/Tröndle*, § 56 d Rn 3; *Horn*, SK, § 56 d Rn 3; *Schönke/Schröder/Stree*, § 56 d Rn 5; bei der Erteilung von Weisungen ist dies nicht zu fordern, da sie weit weniger belastend sind.

Dabei soll auch der noch zu verbüßende Strafrest eine Rolle spielen. Bei einer nur kurzen Restverbüßungszeit wird die Unterstellung unter Bewährungshilfe wegen der erheblichen Beeinträchtigungen für den Verurteilten als unzulässig angesehen, da sie unverhältnismäßig ist[334].

Ob danach bei Ersatzfreiheitsstrafenverbüßern Bewährungshilfe überhaupt in Betracht kommt, ist zweifelhaft. Bei vielen Ersatzfreiheitsstrafenverbüßern wird eine günstige Prognose zu erstellen sein, so daß schon aus dem Grunde eine Bewährungshilfe ausscheidet. In vielen Fällen dürfte auch der Strafrest derart gering sein, daß die Unterstellung unter einen Bewährungshelfer unzulässig wäre, weil sich die Anordnung von Bewährungshilfe als unverhältnismäßig darstellen würde. Zwar wird es Fälle geben, in denen eine günstige Prognose nur deshalb zu erstellen sein wird, weil bei der Frage, ob eine vorzeitige Entlassung verantwortet werden kann, berücksichtigt wird, daß eine Unterstellung unter einen Bewährungshelfer erfolgen wird. Es wird sich aber eher um Ausnahmefälle handeln, wenn die günstige Prognose von der Bestellung eines Bewährungshelfers abhängt.

Dabei ist der Umstand, daß eine Bewährungshilfe in aller Regel nicht in Betracht kommt, problematisch. Angesichts der erheblichen Schwierigkeiten der Ersatzfreiheitsstrafenverbüßer im wirtschaftlichen und sozialen Bereich, erscheint eine Bewährungshilfe bei diesen Personen grundsätzlich sinnvoll. Allerdings dürfte eine gewisse Zurückhaltung bei ihrer Anordnung sicherlich geboten sein, weil diese einen erheblichen Eingriff in die persönliche Sphäre des Verurteilten bedeutete. Auch können negative Effekte auftreten: So ist ein erheblicher Einwand gegen die Unterstellung unter einen Bewährungshelfer, daß damit eine unerwünschte Stigmatisierung eintreten und den Vorteil einer Bewährungshilfe mithin aufheben kann. Dem Probanden wird bestätigt, daß er mehr oder weniger stark gefährdet ist. Auch das Gefühl einer Bevormundung kann sich negativ auswirken[335].

Andererseits kann die These aufgestellt werden, daß sich gerade dann, wenn der Proband noch nicht allzu stark mit kriminogenen Faktoren belastet ist, eine Bewährungshilfe günstig auswirken kann[336]. Es erscheint bedenklich, wenn die am stärksten belasteten Probanden Hilfen erhalten, wobei diese aber häufig die aussichtslosen Fälle darstellen. Im Gegensatz zu dieser Praxis sollte vor allem den Probanden Hilfestellung gegeben werden, bei denen eine solche besonders erfolgversprechend ist. Es dürfte gerade die Chance der Bewährungshilfe sein, hier, bei den „leichteren" Fällen, bei denen ein Erfolg noch am wahrscheinlichsten ist, einen Schwerpunkt der Arbeit zu setzen.

---

334 Vgl. *OLG Koblenz* MDR 1976, 946; *Dreher/Tröndle,* § 57 Rn 10.

335 Vgl. *Pfeiffer,* BewHi 1984, 66, 68.

336 Vgl. *Kerner/Hermann,* BewHi 1984, 136, 142.

Insofern bilden auch die Ersatzfreiheitsstrafenverbüßer eine Gruppe, bei der eine Bewährungshilfe für einen begrenzten Zeitraum sinnvoll sein kann. Es ist aber zu fragen, ob die Vollstreckung der Ersatzfreiheitsstrafe der richtige Anknüpfungspunkt für derartige Maßnahmen ist. Der Proband bedarf in aller Regel eines gewissen Druckes, um Kontakt zur Bewährungshilfe aufzunehmen und um zu einer effektiven Zusammenarbeit bereit zu sein. Hieran wird es fehlen, wenn der Strafrest nicht allzu hoch ist. Der Delinquent wird leicht geneigt sein, die Bewährungshilfe nicht ernst zu nehmen. Der Kontakt wird abgebrochen, wenn die Hilfe für den Probanden unangenehm wird, weil sie auf eine Änderung seines Verhaltens abzielt. Insofern wäre es wünschenswert, wenn die Bewährungshilfe durch eine höhere Strafdrohung gleichsam „abgesichert" würde[337]. Dieses gilt im übrigen auch für die Erteilung von Weisungen nach § 56 c StGB. Eine Befolgung der erteilten Weisungen wird um so wahrscheinlicher sein, je höher die dahinter stehende Strafe ist.

Damit ist festzuhalten, daß eine Bewährungshilfe zum einen aus Rechtsgründen in der Mehrzahl der Fälle gar nicht angeordnet werden darf, sie sich zum anderen – wie Weisungen überhaupt – nur als bedingt wirkungsvoll erweist, weil ein Verstoß gegen die Anordnungen kaum sanktioniert werden kann. Insofern erlangen die mit einer Aussetzung der Reststrafe verbundenen Bewährungsmaßnahmen bei der Ersatzfreiheitsstrafenvollstreckung kaum Bedeutung. Sie vermögen nicht die Wiedereingliederungshilfen zu bieten, die eine Restaussetzung von Ersatzfreiheitsstrafen sinnvoll machten, sei es, um gefährdeten Personen zu helfen, sei es, um gerade den entsozialisierenden Wirkungen eines Freiheitsentzuges entgegenzuwirken.

Hieraus kann aber wiederum auch nicht zwingend gefolgert werden, daß das Rechtsinstitut der Strafrestaussetzung gar nicht auf Ersatzfreiheitsstrafen passe. Die mit einer Strafrestaussetzung verfolgten Ziele können verschiedenartig sein: So kann der Sinn einer Strafrestaussetzung darin bestehen, einen Anreiz zu schaffen,sich durch gute Führung während der Bewährungszeit den Erlaß des Strafrestes zu verdienen[338]. Man kann die bedingte Entlassung auch als letzte Stufe eines konsequent durchgeführten progressiven Vollzuges verstehen, der mit einem strengen Anfangsvollzug beginnt und fortschreitend aufgelockert wird. Das letzte Glied vor dem Übergang in die volle Freiheit bildet die überwachte Freiheit[339]. Durch die Erteilung von Weisungen und insbesondere durch die Anordnung einer Bewährungshilfe kann der Übergang in die volle Freiheit unterstützt werden. Insoweit stellt sich die Strafrestausset-

---

[337] Zu den Erfahrungen von Bewährungshelfern insbesondere bei kurzen ausgesetzten Strafen vgl. *Kober,* S. 30 ff; 169 m.w.Nw.; auch im Gesetzgebungsverfahren ging man davon aus, daß bei einer kurzen Strafe eine Bewährungshilfe sinnlos sei; vgl. BT-Prot. 5/S. 2197.

[338] So *OLG Nürnberg* MDR 1979, 422, 423; *Schönke/Schröder/Stree,* § 57 Rn 1; *Frank,* NJW 1981, 1341,1344; dagegen *Horn,* SK, § 57 Rn 2.

[339] Vgl. hierzu *Steierer,* S. 75; *Sonnen,* JuS 1976, 364, 366.

zung als ein wichtiges kriminalpolitisches Mittel zur Verhinderung von Kriminalität dar[340]. Man kann den Zweck einer Strafrestaussetzung aber auch einfach als Gewährung einer Rechtswohltat ansehen[341]. Eine solche Betrachtung orientiert sich stark an dem Gnadenerweis, der lange Zeit Grundlage für die Aussetzung der Strafe war.

Es ist dargestellt worden, daß der Wiedereingliederungsaspekt eine Restaussetzung der Ersatzfreiheitsstrafe nicht zu rechtfertigen vermag. Eine Aussetzung der Strafe ließe sich damit allenfalls unter dem Gesichtspunkt einer Rechtswohltat für die Ersatzfreiheitsstrafenverbüßer vertreten. Ob eine solche Rechtswohltat aber bei den Personen angebracht ist, die trotz vielfach bestehender Möglichkeiten zur Vermeidung der Ersatzfreiheitsstrafe den Freiheitsentzug zu erleiden haben, ist zweifelhaft.

#### 5. Registerrechtliche Probleme im Zusammenhang mit einem Widerruf der Strafaussetzung

Bevor auf die Frage, ob eine Restaussetzung der Ersatzfreiheitsstrafe unter Gerechtigkeitserwägungen hinnehmbar sei – hierbei handelt es sich um eine der entscheidenden Fragestellungen –, ist zunächst ein weiteres Problem zu erörtern, das bei einer Restaussetzung der Ersatzfreiheitsstrafe entsteht. So ergeben sich registerrechtliche Probleme, die im Zusammenhang mit der Möglichkeit eines Widerrufs der Strafaussetzung stehen, auf die noch kurz hingewiesen werden soll. Nach § 56 f I Nr. 1 StGB kann ein Widerruf insbesondere dann in Betracht kommen, wenn der bedingt Entlassene innerhalb der Bewährungszeit erneut straffällig geworden ist. Nach der derzeit gängigen Praxis wird aber die Vollstreckung einer Ersatzfreiheitsstrafe nicht dem Bundeszentralregister mitgeteilt. Begründet wird dies damit, daß nur Freiheitsstrafen gemäß § 15 BZRG eintragungspflichtig sind, also nicht die Geld – oder die Ersatzfreiheitsstrafe[342]. An dieser Praxis kann aber nicht festgehalten werden, wenn man die Möglichkeit einer Strafrestaussetzung für Ersatzfreiheitsstrafen anerkennt[343]. Nach § 12 I Nr. 1 BZRG müßte auch eine Eintragung in das Register erfolgen, wenn der Strafrest von Ersatzfreiheitsstrafen ausgesetzt wird, weil nur so eine wirksame Überwachung des Verurteilten in der Bewährungszeit im Hinblick auf § 22 BZRG gewährleistet ist[344].

---

340 Zur Rückfallhäufigkeit bei bedingten Entlassungen vgl. *Dünkel,* MschrKrim 1981, 279, 287; *Albrecht/Dünkel/Spiess,* MschrKrim 1981, 310, 316; *Berckhauer/Hasenpusch* in *Schwind/Steinhilper,* S. 307; *Dünkel/Spiess,* S. 451 ff.

341 Vgl. *BGHSt* 6, 215, 216.

342 *Rebmann/Uhlig,* § 15 Rn 13, 14.

343 Verfehlt insofern *Rebmann/Uhlig,* § 12 Rn 4, sowie *Götz,* § 17 Rn 6, die eine Eintragung für nicht erforderlich halten.

344 So auch *Hinze,* Rpfleger 1976, 422, 423.

### 6. Das Schicksal der Geldstrafe

Erfolgt eine Restaussetzung der Ersatzfreiheitsstrafe, so ergeben sich des weiteren eine Reihe von Problemen, die das Schicksal der Geldstrafe betreffen, und deren Lösung auf Grundlage der gesetzlichen Regelungen nicht eindeutig ist.

#### *a) Innerhalb der Bewährungszeit*

Die erste Frage ist die, ob der Geldstrafenschuldner bei einer Aussetzung der Ersatzfreiheitsstrafe die Geldstrafe noch zahlen kann, bzw. ob die Geldstrafe noch beigetrieben werden darf. Die zweite Frage ist dann die, welche Wirkung eine Zahlung bzw. Beitreibung der Geldstrafe auf das Schicksal von Geld- sowie Ersatzfreiheitsstrafe hat.

##### aa) Die Zahlung bzw. Beitreibbarkeit der Geldstrafe

Ob die Geldstrafe nach einer Restaussetzung der Ersatzfreiheitsstrafe noch gezahlt, oder ob sie noch beigetrieben werden darf, ist insofern zweifelhaft, als der Geldstrafenschuldner durch Zahlung der Restgeldstrafe die Bewährungsaussetzung zu Fall bringen, insbesondere einem drohenden Widerruf der Strafaussetzung durch Zahlung der Geldstrafe zuvorkommen kann.

Der erste Fall, die Zahlung der Geldstrafe, ist zunächst unproblematisch. Der Geldstrafenschuldner kann die Geldstrafe bezahlen, wobei nur die Frage ist, welche Wirkung eine Zahlung hätte. Zu einer Zahlung der Geldstrafe wird der Geldstrafenschuldner nur Veranlassung haben, um einem drohenden Widerruf der Strafaussetzung vorzubeugen, um so die Vollstreckung der Ersatzfreiheitsstrafe abzuwenden. Wieweit ihm dieses möglich ist, wird sogleich zu untersuchen sein.

Problematischer ist, ob während der Bewährungszeit noch die Geldstrafe beigetrieben werden darf. Dies ist aus mehreren Gründen zweifelhaft[345]. Zunächst: Die gesetzliche Regelung ließe sich so verstehen, daß vor der Anordnung der Vollstreckung der Ersatzfreiheitsstrafe die Vollstreckungsbehörde die Pflicht hat, eine zwangsweise Beitreibung der Geldstrafe zu versuchen, sofern Beitreibungsversuche nicht von vornherein aussichtslos erscheinen (vgl. § 459 c II StPO). Spätestens mit Beginn der Vollstreckung, möglicherweise auch schon mit ihrer Anordnung, könnte ein „Spurwechsel" stattgefunden haben, der eine weitere Beitreibung der Geldstrafe unzulässig macht.

---

345 Vgl. *Pohlmann/Jabel,* § 48 Rn 35 sowie *Tröndle,* LK (9. Aufl.), § 28 a Rn 7 halten die Geldstrafe nicht mehr für beitreibbar; beide aber ohne nähere Begründung.

Eine echte Ersetzung der Geldstrafe durch die Ersatzfreiheitsstrafe hat aber, wie oben gezeigt[346], nicht stattgefunden. Die Ersatzfreiheitsstrafe ist nicht an die Stelle der Geldstrafe getreten. Es steht weiterhin die Geldstrafe im Vordergrund, die es durchzusetzen gilt. Zur Vermeidung der Ersatzfreiheitsstrafe sollten alle zur Durchsetzung der Geldstrafe vorhandenen Möglichkeiten wie Zahlung der Geldstrafe durch den Verurteilten, Gewährung von Zahlungserleichterungen – diese sind auch noch nach Strafantritt möglich – sowie schließlich auch eine Beitreibung der Geldstrafe, wenn der Verurteilte zahlungsfähig ist, ohne Einschränkung zur Verfügung stehen. Eine andere Frage ist allerdings, inwieweit die Vollstreckungsbehörde verpflichtet ist, Beitreibungsversuche durchzuführen. Grenzen setzt hier die Vorschrift des § 459 c II StPO: Ist zu erwarten, daß die Beitreibung zu keinem Erfolg führen wird, kann sie unterbleiben. Wird sie aber voraussichtlich erfolgreich sein, ist die Vollstreckungsbehörde auch verpflichtet, die primär verhängte Geldstrafe zwangsweise durchzusetzen.

Die Beitreibungsmöglichkeit könnte aber aus dem Grunde ausgeschlossen sein, weil mit der Aussetzung der Ersatzfreiheitsstrafe auch die Geldstrafe ausgesetzt sein könnte. Dagegen spricht jedoch, daß der Gesetzgeber sich gegen eine Aussetzung der Geldstrafe entschieden hat. Entsprechend ist es auch unzulässig, bei einer Restaussetzung der Ersatzfreiheitsstrafe den Rest der Geldstrafe auszusetzen. Vielmehr ist davon auszugehen, daß eine Restaussetzung der Ersatzfreiheitsstrafe nur die Ebene der Ersatzfreiheitsstrafe berührt, die Geldstrafe aber unberührt läßt. Begründet werden kann dies damit, daß die Strafrestaussetzung das Surrogat für die Verbüßung der Ersatzfreiheitsstrafe darstellt[347]. Ebenso wie der Geldstrafenschuldner jederzeit die Ersatzfreiheitsstrafe durch Zahlung der Geldstrafe abwenden kann, steht ihm dieser Weg auch bei einer Aussetzung der Ersatzfreiheitsstrafe zur Verfügung. Entsprechendes muß für die Möglichkeit einer Beitreibung der Geldstrafe gelten. Eine unterschiedliche Behandlung der Zahlungs- wie der Beitreibungsmöglichkeit ist nicht geboten.

Zipf und Dreher[348] haben die Unzulässigkeit einer zwangsweisen Durchsetzung der Geldstrafe damit begründet, daß die vorzeitige Entlassung zusammen mit der verbüßten Ersatzfreiheitsstrafe, insbesondere unter Berücksichtigung von Auflagen und Weisungen, einen ausgewogenen Ausgleich gegenüber der Zahlung der gesamten Geldstrafe darstelle. Es sei widersprüchlich, nach erfolgreichem Ablauf der Bewährungszeit einen Straferlaß zu bejahen, während der Bewährungszeit selbst aber noch durch die Beitreibung zu versuchen, diesen Effekt dem Verurteilten nicht zugute kommen zu lassen[349].

---

346 Vgl. oben D I.

347 Vgl. hierzu *Dölling*, NStZ 1981, 86, 88.

348 *Zipf*, JR 1977, 121, 123; *Dreher/Tröndle*, § 57 Rn 2 a; ferner *Maurach/Gössel/Zipf*, S. 522.

Gegen die Auffassung von Zipf und Dreher ist aber einzuwenden, daß sie faktisch auf eine Aussetzung der Geldstrafe hinausläuft[350]. Eine Aussetzung der Geldstrafe ist im geltenden Recht aber nicht vorgesehen. Die Auffassung von Zipf und Dreher ist auch aus anderen Gründen problematisch. Die Strafaussetzung ist das Surrogat für die Verbüßung der Ersatzfreiheitsstrafe. Ebenso wie bei der Vollstreckung der Ersatzfreiheitsstrafe muß auch bei einer Strafaussetzung eine Beitreibung der Geldstrafe noch möglich sein. Für eine differenzierende Betrachtung, wie Zipf und Dreher sie vorsehen, ist keine gesetzliche Grundlage vorhanden. Es ist auch sehr fraglich, ob es nach Teilverbüßung der Ersatzfreiheitsstrafe unbillig ist, wenn eine Beitreibung der Geldstrafe möglich wäre. Es ist oben[351] dargelegt worden, daß insbesondere Auflagen und Weisungen keinen Ausgleich für die Zahlung der restlichen Geldstrafe bilden. Ob allein der Umstand, daß der Verurteilte durch den Freiheitsentzug möglicherweise ein härteres Übel erlitten hat als mit der Verurteilung zu einer Geldstrafe an sich vorgesehen war, den Verzicht auf eine Beitreibung der Geldstrafe rechtfertigen kann, muß bezweifelt werden. Unter Gleichbehandlungsgesichtspunkten erscheint es vielmehr so, daß bei einer Restaussetzung der Ersatzfreiheitsstrafe – ohne die Möglichkeit zur Beitreibung der Geldstrafe – die Ersatzfreiheitsstrafenverbüßer gegenüber anderen Geldstrafenschuldnern, die ordnungsgemäß und häufig unter erheblichen persönlichen Einschränkungen die Geldstrafe zahlen, wesentlich bessergestellt wären; ein Ergebnis, das nicht richtig sein kann.

Grebing[352] rechtfertigt die Nichtbeitreibbarkeit damit, daß er meint, man solle konsequent die voll an die Stelle der Geldstrafe getretene Ersatzfreiheitsstrafe und ihre spezialpräventive Gestaltung durchführen. Geschehe dies nicht, sei der Täter härter bestraft als im Falle sofortiger Freiheitsstrafenverhängung, da von ihm zusätzlich noch die Zahlung der Geldstrafe verlangt werde.

Aber auch der von Grebing angestellte Vergleich mit der normalen Freiheitsstrafenvollstreckung vermag nicht zu überzeugen. Würde die Ersatzfreiheitsstrafe an die Stelle der Geldstrafe treten, würde sie mithin „führend", so wäre die Sichtweise von Grebing nur konsequent. Unter dem Postulat der Gleichbehandlung von Freiheitsstrafe und Ersatzfreiheitsstrafe dürfte eine Beitreibung der Geldstrafe während der Bewährungszeit nicht erfolgen, weil sie den Ersatzfreiheitsstrafenverbüßer wesentlich schlechter stellte. Es ist oben ausführlich begründet worden[353], daß dies aber nicht die Konzeption der Ersatzfreiheitsstrafe ist, wie sie Grundlage des geltenden Rechts ist. Ein ech-

349 *Zipf,* JR 1977, 121, 123.

350 So auch *OLG Düsseldorf,* NJW 1980, 250, 251.

351 Vgl. D II 4 b).

352 *Grebing* in *Jescheck/Grebing,* S. 153.

353 Vgl. D I.

ter „Spurwechsel" von der Geld- zur Ersatzfreiheitsstrafe hat nicht stattgefunden. Entsprechende Erörterungen im Gesetzgebungsverfahren zeigen im übrigen, daß bei einer Aussetzung der Ersatzfreiheitsstrafe die Geldstrafe in jedem Falle beitreibbar bleiben sollte. Darüber bestand Einigkeit[354]. Dies ist wegen des Vorrangs der Geldstrafe, die es durchzusetzen gilt, nur konsequent. Eine Gleichstellung von Freiheits- und Ersatzfreiheitsstrafe ist insoweit nicht geboten.

Damit ist im Ergebnis festzustellen, daß der Geldstrafenschuldner während der Bewährungszeit die Geldstrafe bezahlen kann, und daß im übrigen eine Beitreibung der Geldstrafe zulässig ist[355].

### bb) Das Schicksal der Ersatzfreiheitsstrafe

Die weitere Frage ist die, welches Schicksal die Ersatzfreiheitsstrafe erfährt, wenn die Geldstrafe (teilweise) bezahlt oder (teilweise) beigetrieben worden ist. Auf sich ergebende Probleme ist schon hingewiesen worden. Der Ersatzfreiheitsstrafenverbüßer hat es in der Hand, ob er bei einem drohenden Widerruf der Strafaussetzung wegen eines Fehlverhaltens, insbesondere wegen einer erneuten Straffälligkeit, die noch ausstehende Geldstrafe mit der Folge zahlt, daß die Ersatzfreiheitsstrafe nicht vollstreckt werden kann. Die Möglichkeit für den Verurteilten, die drohende Ersatzfreiheitsstrafe abzuwenden, ist eine Möglichkeit, die an sich nicht zum Rechtsinstitut der Strafrestaussetzung paßt. Bei einer Strafrestaussetzung soll sich der Verurteilte durch ein gesetzmäßiges Leben den Straferlaß verdienen. Es ist systemwidrig, wenn ein Verurteilter einem drohenden Widerruf begegnen kann. Auch hier zeigt sich, daß eine Restaussetzung von Ersatzfreiheitsstrafen nicht sachgerecht ist.

Eine andere Möglichkeit als die Erledigung der Ersatzfreiheitsstrafe durch Zahlung oder Beitreibung der noch ausstehenden Geldstrafe ist aber wohl nicht denkbar. Eine Restaussetzung der Geldstrafe ist dem deutschen Recht fremd. An die Stelle der Ersatzfreiheitsstrafe ist als Surrogat die Bewährungsaussetzung getreten. Ebenso wie bei der Vollstreckung der Ersatzfreiheitsstrafe die Geldstrafe weiterhin Bestand hat, gilt dies auch bei einer möglichen Restaussetzung der Ersatzfreiheitsstrafe. Die damit verbundenen Folgen, also

---

[354] Vgl. etwa *Schwalm*, Nd. Bd. 4, S. 244 f; sowie Nd. Bd. 4, S. 524; aus der älteren Literatur *Hellwig* (1921), Fn 105.

[355] Die gleiche Problematik tritt im übrigen auch bei der Ableistung der freien Arbeit auf. Auch hier fragt es sich, ob die Geldstrafe noch bezahlt oder beigetrieben werden darf, wenn die freie Arbeit geleistet wird. Dies ist aber zu bejahen. Die freie Arbeit ersetzt nicht die Geldstrafe, sondern ist für den Verurteilte eine Möglichkeit, die Ersatzfreiheitsstrafe zu vermeiden. Die freie Arbeit tritt nicht dergestalt neben die Geldstrafe, daß der Verurteilte die Wahl hat, ob er die Geldstrafe zahlen oder die Arbeit leisten will. Kann er die Geldstrafe bezahlen, ist er hierzu auch verpflichtet; ggfs. ist die Geldstrafe zwangsweise beizutreiben; vgl. ausführlich unten D III 1 c).

die Vermeidung eines drohenden Widerrufes der Strafrestaussetzung, müßten hingenommen werden.

Zur Vermeidung der auftretenden Probleme hat Stree vorgeschlagen, das Absehen von der Vollstreckung der Geldstrafe in analoger Anwendung des § 459 d I Nr. 1 StGB anzuordnen[356]. Dieser Weg ist aber kaum begehbar. Bei § 459 d I StPO handelt es sich um eine Ausnahmevorschrift, die nur begrenzt Anwendung finden kann[357]. Insofern ändert auch eine analoge Anwendung, deren Berechtigung im übrigen zweifelhaft ist, wenig daran, daß oben beschriebene Probleme auftreten.

### *b) Erlaß der Strafe nach Ablauf der Bewährungszeit*

Problematisch ist schließlich auch das Schicksal der Geldstrafe nach Ablauf der Bewährungszeit. Dabei bestehen im Grundsatz – das Schicksal der Geldstrafe betreffend – drei Möglichkeiten: Einmal wäre es denkbar, daß mit dem Ablauf der Bewährungszeit nur die Ersatzfreiheitsstrafe erlassen wird, die Geldstrafe aber weiterhin bestehen bleibt. Möglich wäre es aber auch, daß die Ersatzfreiheitsstrafe erlassen wird und die Geldstrafe mit dem Erlaß der Ersatzfreiheitsstrafe ihre Erledigung findet. Schließlich wäre es aber auch denkbar, daß die Geldstrafe mit dem Ablauf der Bewährungszeit erlassen wird und sich das Schicksal der Ersatzfreiheitsstrafe nach dem Schicksal der Geldstrafe richtet.

Die Befürworter einer Restaussetzung gehen davon aus, daß nicht die Geldstrafe, sondern die Ersatzfreiheitsstrafe mit Ablauf der Bewährungszeit zu erlassen sei. Da der Erlaß der Strafe in seinen Rechtsfolgen der Vollverbüßung gleichstehe, dürfe sich diese Rechtsfolge nicht nur auf die Ersatzfreiheitsstrafe beschränken, sondern müsse sich auch auf die Geldstrafe beziehen. Mit Erlaß der Ersatzfreiheitsstrafe erledigt sich auch die Geldstrafe[358].

Diese Konstruktion löst die auftretenden Probleme, ist aber nicht die einzig in Betracht kommende Möglichkeit. Dies zeigt ein Blick in die Rechtsgeschichte: Im Unterschied zu vielfältigen Bestrebungen im allgemeinen Strafrecht, eine Aussetzung der Ersatzfreiheitsstrafe einzuführen, hat es eine solche Möglichkeit im Jugendgerichtsgesetz gegeben. Nach § 14 des Jugendgerichtsgesetzes in der Fassung vom 16. Februar 1923[359] konnte der Jugendrichter die Vollstreckung einer an die Stelle der Geldstrafe tretenden Ersatzfrei-

---

356 In *Schönke/Schröder,* § 57 Rn 4.

357 Vgl. ausführlich unten D III 1 d).

358 So *OLG Koblenz* MDR 1977, 423, 424; *Schönke/Schröder/Stree,* § 57 Rn 4; *Kleinknecht/Meyer,* § 459 e Rn 5; *Blei,* JA 1972, 309f; *Preisendanz,* JR 1976, 466, 469; *Zipf,* JR 1977, 121, 124; *Dölling,* NStZ 1981, 86, 88; *Weber,* S. 186.

359 Im JGG vom 4. August 1953 ist die Geldstrafe als Maßnahme gegen Jugendliche entfallen.

heitsstrafe aussetzen. § 15 JGG bestimmte generell, daß nach Ablauf der Probezeit die Strafe erlassen wird, wenn sich der Verurteilte bewährt hat. Dabei war es, soweit ersichtlich, allgemeine Ansicht, daß die gegen den Verurteilten festgesetzte Strafe zu erlassen war, was im Falle der Ersatzfreiheitsstrafe bedeutete, daß nicht sie, sondern die Geldstrafe erlassen wurde[360]. Teilweise davon abweichend vertrat allerdings Francke die Auffassung, daß die Geldstrafe *und* die Ersatzfreiheitsstrafe zu erlassen seien[361]. Auch der Gesetzgeber ging in jener Zeit davon aus, daß bei einer Aussetzung der Ersatzfreiheitsstrafe die Geldstrafe nach Ablauf der Aussetzungszeit zu erlassen sei[362].

Auch bei den Beratungen im Rahmen der Großen Strafrechtsreform wurde zunächst die Auffassung vertreten, daß dann, wenn die Ersatzfreiheitsstrafe ausgesetzt würde, die Geldstrafe erlassen werden müsse[363]. Im weiteren Verlauf der Beratungen wurden allerdings auch andere Vorstellungen geäußert. So sah ein Entwurf aus dem Jahre 1968 vor[364], daß es nach einer Aussetzung der Ersatzfreiheitsstrafe gar nicht mehr zu einem Straferlaß kommen sollte. Nach § f IV des Entwurfes sollte das Gericht lediglich bestimmen, daß nach Ablauf der Aussetzungszeit eine Ersatzfreiheitsstrafe nicht mehr vollstreckt werden dürfe. Eine Beitreibung der Geldstrafe sollte auch nach Ablauf der Aussetzungszeit noch möglich bleiben[365]. Hinter dieser Regelung stand der Gedanke, daß bei einer Aussetzung die Nichtzahlenden, die nach Ablauf der Aussetzungszeit die Strafe erlassen erhielten, gegenüber denjenigen, die die Geldstrafe voll bezahlten, wesentlich besser gestellt seien. Diese in Aussicht genommene Regelung stieß aber auf Kritik, wobei angeführt wurde, daß eine solche Beitreibungsmöglichkeit der Regelung, die für die Fälle der Strafaussetzung zur Bewährung gelten würden, widerspräche[366]. Da aber eine Aussetzung von Ersatzfreiheitsstrafen im weiteren Verlauf des Gesetzgebungsverfahrens ganz verworfen wurde, wurden die sich hier ergebenden Probleme nicht weiter behandelt.

Es ist an sich konsequent, die Geldstrafe und nicht, bzw. nicht allein, die Ersatzfreiheitsstrafe nach Ablauf der Aussetzungszeit zu erlassen. Dies steht mit der Auffassung im Einklang, daß auch dann, wenn die Ersatzfreiheitsstrafe vollstreckt werden muß, weiterhin die Geldstrafe im Vordergrund stehen bleibt. Mit dem Wortlaut von § 56 g StGB wäre der Erlaß der Geldstrafe auch vereinbar, da die Vorschrift nur generell von „Strafe“ spricht. Zwar

---

360 Vgl. *Kiesow*, S. 121.

361 *Francke* S. 63.

362 Vgl. die Begründung zu einem amtlichen Entwurf eines Allgemeinen Deutschen Strafgesetzbuches, Materialien zur Strafrechtsreform, 3. Bd., S. 34.

363 Nd. Bd. IV, S. 522.

364 Vgl. § f IV des Entwurfes, BT-Prot. 5/S. 2191.

365 Vgl. *Horstkotte*, BT-Prot. 5/S. 2180.

366 Vgl. *Meyer*, BT-Prot. 5/S. 2180.

meint § 56 g StGB an sich die ausgesetzte Strafe, es sind aber bei der Aussetzung die Besonderheiten der Ersatzfreiheitsstrafenvollstreckung zu beachten, insbesondere der Umstand, daß neben der Ersatzfreiheitsstrafe noch die Geldstrafe vorhanden ist. Sieht man die Geldstrafe als die zu erlassende Strafe an, so entfallen auch die zum Teil erhobenen Bedenken, es sei nicht zulässig, das Schicksal der in erster Linie verhängten Geldstrafe an das Schicksal der erst in zweiter Linie zum Zuge kommenden Ersatzfreiheitsstrafe zu knüpfen[367], denn mit dem Erlaß der Geldstrafe erledigt sich auch die Ersatzfreiheitsstrafe.

Es kann damit auf verschiedene Art und Weise erreicht werden, daß sich die Geld- und die Ersatzfreiheitsstrafe erledigt. Beide Auffassung lassen sich jeweils begründen. Eine Entscheidung zugunsten einer Auffassung ist nicht leicht. Zunächst ist aber zu fragen, ob überhaupt die Geldstrafe bei Ablauf der Bewährungszeit entfallen darf. Die Geldstrafenschuldner, die sich um die Zahlung der Geldstrafe redlich bemühen, könnten nämlich unberechtigtermaßen benachteiligt sein, wenn die Geldstrafe entfiele.

Überlegungen, die Geldstrafe nach Ablauf der Bewährungszeit bestehen zu lassen, hat es im Gesetzgebungsverfahren, wie gesagt, gegeben. Die Erwägungen im Gesetzgebungsverfahren hatten aber die Frage der Aussetzung der Ersatzfreiheitsstrafe insgesamt zum Gegenstand. Hier stellt sich mit besonderer Schärfe die Frage, ob es gerecht ist, wenn auf eine Durchsetzung der Geldstrafe verzichtet wird, da der Verurteilte gar nichts geleistet hat. Ein Fortbestand der Geldstrafe stünde aber im Widerspruch zum Rechtsgedanken der Bewährungsaussetzung, wobei nach erfolgreichem Ablauf der Bewährungszeit ein Erlaß der Strafe zu erfolgen hat. Eine systemtreue Lösung kann damit nur bedeuten, daß sich die Geldstrafe erledigt. Bedenken im Hinblick auf eine Besserstellung der Ersatzfreiheitsstrafenverbüßer bleiben aber bestehen.

Fragt man sich, welcher Auffassung zu folgen ist, so fällt, wie gesagt, die Antwort nicht leicht. Entscheidend dürfte folgendes sein: Ein Erlaß der Geldstrafe ohne ihre volle Bezahlung ist dem deutschen Recht an sich fremd. Insofern ist es problematisch, eine solche Rechtsfolge bei einer Strafrestaussetzung der Ersatzfreiheitsstrafe einzuführen. § 56 g StGB sieht als zu erlassende Strafe auch die ausgesetzte Strafe an. Da allein die Ersatzfreiheitsstrafe ausgesetzt wurde, sollte ein Erlaß auch allein die Ersatzfreiheitsstrafe betreffen. Durch den Erlaß der Ersatzfreiheitsstrafe gilt diese als verbüßt. Genauso, wie wenn die Ersatzfreiheitsstrafe voll verbüßt worden wäre, tritt auch bei einem Erlaß der Ersatzfreiheitsstrafe eine Erledigung der Geldstrafe ein.

Zusammenfassend ist damit festzustellen, daß mit einer Restaussetzung der Ersatzfreiheitsstrafe eine Reihe von Problemen verbunden sind, deren Lösung

---

[367] Vgl. *OLG Schleswig*, OLGSt. § 57, S. 23; *OLG Oldenburg* JurBüro 1977, 521; *AG Berlin-Tiergarten* NJW 1972, 457.

auf der Grundlage des geltenden Rechts problematisch ist. Auch und gerade an den mit einer Restaussetzung der Ersatzfreiheitsstrafe verbundenen Folgen wird deutlich, daß eine Restaussetzung der Ersatzfreiheitsstrafe nicht „paßt".

## III. Das Bedürfnis nach einer Anwendung von § 57 I StGB

Auch von den Befürwortern der Möglichkeit einer Strafrestaussetzung wird die Systemwidrigkeit einer Restaussetzung von Ersatzfreiheitsstrafen eingeräumt. Im Hinblick auf sich ergebende Unbilligkeiten – wenn § 57 I StGB keine Anwendung fände – wird eine Restaussetzung für unverzichtbar gehalten[368]. Angesichts zahlreicher Möglichkeiten zur Vermeidung der Ersatzfreiheitsstrafe , auf die nunmehr näher einzugehen ist, erscheint es jedoch zweifelhaft, ob der oben genannten Auffassung gefolgt werden kann.

### 1. Möglichkeiten zur Vermeidung der Ersatzfreiheitsstrafe

#### *a) Die Gewährung von Zahlungserleichterungen*

Eine erste Möglichkeit zur Vermeidung der Ersatzfreiheitsstrafe liegt in der Gewährung von Zahlungserleichterungen. Ist dem Verurteilten nach seinen persönlichen oder wirtschaftlichen Verhältnissen nicht zuzumuten, die Geldstrafe sofort zu zahlen, so bewilligt ihm das Gericht eine Zahlungsfrist oder gestattet ihm, die Strafe in bestimmten Teilbeträgen zu zahlen (§ 42 S. 1 StGB). Hat das Gericht festgestellt, daß die Sofortzahlung der Geldstrafe für den Verurteilten unzumutbar ist, so hat es kein Ermessen mehr, ob Zahlungserleichterungen gewährt werden. Es muß diese bewilligen, ohne daß es noch darauf ankäme, ob diese sich etwa als zu weitgehende Milde darstellten[369]. Neben den Gerichten kann im übrigen auch noch die Vollstreckungsbehörde nachträglich Zahlungserleichterungen bewilligen (§ 459 a StPO).

Zur praktischen Seite der Frage ist zu bemerken, daß die Genehmigungspraxis der Gerichte und Vollstreckungsbehörden außerordentlich ratenzahlungsfreundlich ist, so daß man beinahe zu dem Schluß kommen kann, die von dem 1966 vorgelegten Alternativentwurf konzipierte Laufzeitgeldstrafe sei gleichsam durch die Hintertür doch wieder eingeführt worden[370]. Albrecht stellte in seiner den Anfang der siebziger Jahre erfassenden Untersuchung fest, daß nach rechtskräftigen Strafbefehlen der Anteil der Ratenzahlungen

---

[368] So ausdrücklich *OLG Zweibrücken,* OLGSt. § 57, S. 125.

[369] Vgl. *RGSt* 64, 208; *Horn,* NJW 1974, 625, 627.

[370] Für großzügige Ratenbewilligungen hat sich auch *Tröndle,* ÖJZ 1975, 589, 594, 597 ausgesprochen; einschränkend aber *Horn,* NJW 1974, 625, 627 f, der zu Recht darauf hinweist, daß nur bei Unzumutbarkeit der Sofortzahlung Zahlungserleichterungen gewährt werden dürfen; vgl. auch *Horn* bei *Driendl,* ZStW 88, 1137, 1143.

bei 24 % lag, und daß dieser Anteil bei rechtskräftigen Urteilen sogar auf über 40 % anstieg[371]. Lediglich 5 % der Anträge auf Ratenzahlungen wurden von der Vollstreckungsbehörde abgelehnt.

Noch wesentlich höher liegen die von Fleischer Ende der siebziger/Anfang der achtziger Jahre erhobenen Zahlen: In etwa 5 % der Fälle gewährte bereits das Gericht Ratenzahlungen. In etwa 75 % der Fälle geschah dies durch die Vollstreckungsbehörde. Das bedeutet, daß lediglich 20 % der Geldstrafenschuldner die Geldstrafe sofort zahlten[372].

Die Praxis zeigt aber auch, daß selbst kleine und kleinste Raten nicht gezahlt werden. Die zu Geldstrafe Verurteilten vertrauen häufig darauf, daß es zur Vollstreckung der Ersatzfreiheitsstrafe nicht kommen wird. Dies belegen die von Albrecht ermittelten Zahlen: Bei 15 % der Geldstrafenschuldnern mußte nämlich die Vollstreckung der Ersatzfreiheitsstrafe angeordnet werden. Dann bezahlten aber immer noch über 10 % ihre Strafe[373]. Bei den Fällen, in denen es dann zur Vollstreckung der Ersatzfreiheitsstrafe kam, ist davon auszugehen, daß die Geldstrafenschuldner, weil sie in der Vergangenheit (Teil-)Zahlungen versäumt hatten, tatsächlich nicht mehr in der Lage waren, die Geldstrafe zu bezahlen und insofern die Ersatzfreiheitsstrafe zu verbüßen hatten. Rolinski[374] kommt in einer Untersuchung zu dem Ergebnis, daß die Ersatzfreiheitsstrafenverbüßer nicht die Verantwortlichkeit entwikkeln, die bei einem durchschnittlichen Erwachsenen regelmäßig angetroffen wird und die durch eine allgemeine Vorsorge gekennzeichnet ist. Diese Personen leben, so seine Feststellung, planlos in den Tag hinein und von der Hand in den Mund. Wenn sie von einer nicht abwendbaren Zahlungsaufforderung zu einem Zeitpunkt getroffen werden, in dem sie gerade, aus welchen Gründen auch immer, keine Arbeit haben, müssen sie mit ihrer Person eintreten, weil sie auf keinerlei finanzielle Reserven zurückgreifen können[375].

Dabei kann auch nicht davon gesprochen werden, die Vollstreckung der Ersatzfreiheitsstrafe werde vorschnell angeordnet und auch vollstreckt. Immerhin dauert es im Durchschnitt weit über ein Jahr nach Rechtskraft des Urteils, bis sie tatsächlich vollstreckt wird[376]. So ist es in der Praxis auch zu beobachten, daß seitens der Vollstreckungsbehörde wiederholt Zahlungserleichterungen gewährt werden, wenn der Eindruck besteht, der Verurteilte bemühe sich um die Zahlung der Geldstrafe. Insgesamt dürfte damit die Feststellung gerechtfertigt sein, daß derjenige, der sich wirklich ernsthaft um die Abzahlung der Geldstrafe bemüht, hierzu auch in aller Regel in der Lage sein

---

371 *Albrecht* (1980), S. 272 ff; vgl. auch *Heinz,* BewHi 1984, 13, 21.

372 *Fleischer,* S. 253.

373 *Albrecht* (1980), S. 244 ff, 252 ff.

374 *Rolinski,* MschrKrim 1981, 52.

375 *Rolinski,* MschrKrim 1981, 52, 61.

376 Vgl. *Albrecht* (1980), S. 294.

müßte. Insofern kann man durchaus sagen, die Ersatzfreiheitsstrafenverbüßer haben es sich in gewisser Weise selbst zuzuschreiben, wenn sie die Ersatzfreiheitsstrafe zu verbüßen haben[377]. Ob hier eine Restaussetzung der Ersatzfreiheitsstrafe gerechtfertigt erscheint, ist zweifelhaft, wenn man berücksichtigt, daß andere Geldstrafenschuldner sich redlich bemühen, zum großen Teil noch aus der Haft heraus, die Geldstrafe zu bezahlen.

### *b) Die Beitreibung der Geldstrafe*

Bei den Geldstrafenschuldnern, die trotz günstiger wirtschaftlicher Verhältnisse nicht bereit sind, die Geldstrafe zu zahlen, kommt eine Beitreibung in Betracht. Wie oben schon dargestellt, ist die Beitreibung der Geldstrafe vor, aber auch nach Beginn der Vollstreckung noch zulässig.

Zur Bedeutung der Beitreibung sei bemerkt, daß es fraglich ist, inwieweit eine Verbesserung des Beitreibungsverfahrens in einem erheblichen Umfange zur Vermeidung der Ersatzfreiheitsstrafe beitragen kann. Teilweise wird aus der Praxis berichtet, das Beitreibungsverfahren könne effektiver ausgestaltet werden, da häufig Gerichtsvollzieher vorschnell einen Unpfändbarkeitsvermerk fertigen, und so die Tür zur Vollstreckung der Ersatzfreiheitsstrafe öffnen. Ein drastischer Rückgang von Ersatzfreiheitsstrafenvollstreckungen soll eingetreten sein, als Landesjustizverwaltungen Anordnungen zur Intensivierung des Beitreibungsverfahrens getroffen hatten[378].

Ob auf diese Art und Weise tatsächlich – angesichts der beengten wirtschaftlichen Verhältnisse vieler Geldstrafenschuldner – die Ersatzfreiheitsstrafe vermieden werden kann, muß jedoch bezweifelt werden[379]. Nach der Untersuchung von Albrecht waren Beitreibungsversuche nur in 2 % der Fälle erfolgreich[380]. Es ist ferner die Frage zu stellen, wie weit die an sich bestehende Vollstreckungspflicht zu gehen hat. § 2 I StVollstrO bestimmt, daß die richterliche Entscheidung mit Nachdruck und Beschleunigung zu vollstrecken ist. Ist der Verurteilte weder bereit, die Geldstrafe zumindest ratenweise zu begleichen noch gemeinnützige Arbeit zu leisten, erscheint es auch berechtigt, ihn die Ersatzfreiheitsstrafe verbüßen zu lassen. Dieses ist zumindest dann nicht unbillig, wenn funktionsfähige Alternativen zum Freiheitsentzug vorhanden sind[381].

---

377 So auch *OLG Celle* JR 1977, 121, 122.

378 So *v. Bülow*, Tagungsbericht aus der Evangelischen Akademie Bad Boll, S. 29; zweifelnd *Schädler*, ebenda, S. 31 sowie *Staiger*, S. 87; auch das *OLG Düsseldorf* NJW 1980, 250, 251 hält das Beitreibungsverfahren für verbesserungswürdig; zu Verbesserungsmöglichkeiten vgl. *Albrecht* (1980), S. 320 ff.

379 So auch *Schädler*, ZRP 1985, 186, 190.

380 Vgl. *Albrecht* (1980), S. 244 ff, 252 ff; vgl. auch *Zimmermann*, BewHi 1982, 113, 114.

381 So auch ausdrücklich die Konzeption des AE 1966; vgl. AE, S. 107.

### *c) Die Ableistung gemeinnütziger Arbeit*

Mit der Einführung der Projekte „Gemeinnützige Arbeit statt Haft" steht nunmehr eine schon lange von Gesetzes wegen vorgesehene Möglichkeit auch tatsächlich zur Verfügung, von der erwartet werden kann, daß sie in einem erheblichen Maße zur Reduzierung der zu vollstreckenden Ersatzfreiheitsstrafen beizutragen vermag[382].

Schon § 28 b StGB aF hatte vorgesehen, daß die Vollstreckungsbehörde dem Verurteilten gestatten konnte, eine uneinbringliche Geldstrafe durch freie Arbeit zu tilgen. Diese Bestimmung war jedoch praktisch bedeutungslos. Die Gründe hierfür waren vielfältig. Bundesrechtliche Regelungen fehlten, und in den Ländern waren auch nur vereinzelt Ausführungsbestimmungen erlassen worden. Soweit diese bestanden, fehlten oftmals geeignete Arbeitsmöglichkeiten. Praktisch war ein Einsatz nur in der Gartenpflege möglich. Auch glaubte man, daß die Maßnahmen mit dem Ziel ausgenutzt würden, die Vollstreckung der Ersatzfreiheitsstrafe hinauszuzögern. Auch die mit einem breiten Angebot an Arbeitsstellen verbundenen organisatorischen Probleme ließen diese Alternative zum Freiheitsentzug nicht zur Entfaltung kommen[383].

Infolge einer ständig steigenden Zahl von Ersatzfreiheitsstrafenvollstrekkungen ergab sich die Notwendigkeit, nach Alternativen zum Freiheitsentzug zu suchen. Die hohe Zahl von Ersatzfreiheitsstrafenverbüßungen belastete in einem außerordentlich hohen Maße die Justizvollzugsanstalten[384]. Nicht zuletzt dieser Umstand dürfte dazu beigetragen haben, daß in kurzer Zeit für Geldstrafenschuldner, die nicht in der Lage waren, die ihnen auferlegte Geldstrafe zu zahlen, eine Möglichkeit geschaffen wurde, die Geldstrafe durch gemeinnützige Arbeit zu tilgen[385].

Danach wird grundsätzlich jedem Geldstrafenschuldner das Angebot unterbreitet, zur Abwendung der Ersatzfreiheitsstrafe und zur Tilgung der Geldstrafe gemeinnützige Arbeit zu leisten. Allenfalls in den Fällen, in denen sicher zu erwarten ist, daß das Angebot im Sinne eines Hinausschiebens der doch zu erwartenden Ersatzfreiheitsstrafe mißbraucht wird, wird auf ein entsprechendes Angebot verzichtet und unmittelbar die Vollstreckung der Ersatzfreiheitsstrafe angeordnet. Festzuhalten ist damit zunächst, daß im Prin-

---

382 Teilweise sind die Projekte allerdings noch als Modellversuche auf einige Landgerichtsbezirke beschränkt.

383 Zu weiteren Hindernissen vgl. AE 1966, S. 209,; vgl. auch *Baumann,* MschrKrim 1979, 290.

384 Vgl. die oben in der Fn 1 mitgeteilten Verbüßungszahlen.

385 Zu den Projekten vgl. *Baumann,* MschrKrim 1979, 290 ff; *Zimmermann,* BewHi 1982, 113 ff; *Pfohl* (1983); *Schädler,* ZRP 1983, 5; *ders.* ZRP 1985, 186; *Krieg u.a.,* MschrKrim 1984, 25 ff; *Albrecht,* BewHi 1985, 121 f; *Cremers,* BewHi 1985, 135; *Reiß,* Rpfleger 1985, 133; *Schall,* NStZ 1985, 104; *Heinz,* FS für Jescheck, S. 955, 963 f; kritisch zu den ambulanten Maßnahmen *Voß,* Kriminologische Praxis 1984, S. 23 ff.

zip jeder Geldstrafenschuldner die Möglichkeit erhält, die Ersatzfreiheitsstrafe abzuwenden[386].

Zum jetzigen Zeitpunkt ist es noch recht schwer zu sagen, in welchem Umfange es gelingen wird, die Ersatzfreiheitsstrafe zurückzudrängen. Dies liegt darin begründet, daß die – zumeist Anfang der achtziger Jahre begonnenen – Projekte zunächst als Modellversuche in nur wenigen Landgerichtsbezirken eingeführt wurden. Es ist aber festzustellen, daß in den Ländern, in denen die Arbeitsprojekte eingeführt wurden, binnen eines Jahres ein Rückgang der zu vollstreckenden Ersatzfreiheitsstrafen bis zu 28% eingetreten ist[387]. Teilweise wird berichtet, daß in manchen Landgerichtsbezirken die Ersatzfreiheitsstrafen um bis zu 90 % reduziert werden konnten[388]. Bei der Bewertung dieser Ergebnisse dürfte aber zu berücksichtigen sein, daß mit Einführung der Projekte zunächst die Vollstreckung der Ersatzfreiheitsstrafe zurückgestellt worden ist, so daß nur die aussichtslosen Ersatzfreiheitsstrafenfälle zur Vollstreckung gelangten.

Zur rechtlichen Seite der gemeinnützigen Arbeit sei dabei bemerkt, daß die freie Arbeit ein Mittel ist, die Ersatzfreiheitsstrafe zu vermeiden. Die freie Arbeit soll nicht die Geldstrafe ersetzen, diese bleibt weiterhin bestehen[389]. Dies kommt deutlich in Art. 293 EGStGB zum Ausdruck: Es kann dem Verurteilten gestattet werden, die Vollstreckung der Ersatzfreiheitsstrafe abzuwenden. Faktisch tritt die gemeinnützige Arbeit zwischen die Geld- und die Ersatzfreiheitsstrafe[390]. Da die freie Arbeit ein Surrogat für die Vollstreckung der Ersatzfreiheitsstrafe darstellt, wird dem Verurteilten bei der Ladung zum Strafantritt die Möglichkeit geboten, durch die freie Arbeit die Ersatzfreiheitsstrafe abzuwenden. Die Ersatzfreiheitsstrafe wird nicht vollstreckt, solange der Verurteilte ordnungsgemäß die Arbeit leistet. Soweit der Geldstrafenschuldner Arbeitsleistungen erbringt, verkürzt sich entsprechend dem in den Rechtsverordnungen vorgesehenen Umrechnungsschlüssel die Geld- bzw. Ersatzfreiheitsstrafe. Auch bei der freien Arbeit ist ein Teilerlaß der auferlegten Arbeit entsprechend dem Rechtsinstitut einer Strafrestaussetzung nicht vorgesehen.

Inwieweit sich die sicherlich vorhandenen ersten Erfolge der Arbeitsprojekte stabilisieren lassen, wird abzuwarten sein. Dies wird nicht zuletzt davon abhängen, in welchem Maße sich geeignete Arbeitsstellen für die Geldstrafenschuldner finden lassen. Das Hauptproblem scheint aber zu sein, alle in

---

[386] Vgl. die verschiedenen Rechtsverordnungen, teilweise abgedruckt bei *Pfohl,* S. 36 ff.

[387] Vgl. *Schädler,* ZRP 1985, 186, 188 (Fn 38).

[388] Vgl. *Schädler,* ZRP 1983, 5, 9; *Krieg u.a.,* MschrKrim 1984, 25, 35.

[389] Zur Frage einer Beitreibbarkeit der Geldstrafe bei der Ableistung gemeinnütziger Arbeit vgl. oben D II 6 a) bb).

[390] Zur rechtlichen Konstruktion der freien Arbeit vgl. *Schall,* NStZ 1985, 104, 107.

Betracht kommenden Geldstrafenschuldner anzusprechen und zu einer Kontaktaufnahme zu veranlassen[391]. Von erheblicher Bedeutung wird ferner sein, inwieweit es gelingt, den häufiger auftretenden Arbeitsstörungen zu begegnen, die dann doch noch zur Vollstreckung der Ersatzfreiheitsstrafe führen[392].

Es ist festzuhalten, daß sich auch hier für die Geldstrafenschuldner eine praktikable Möglichkeit bietet, die Geldstrafe zu tilgen und so die Ersatzfreiheitsstrafe abzuwenden.

Im folgenden sind zwei weitere Möglichkeiten zur Vermeidung der Ersatzfreiheitsstrafe zu erörtern, die zumindest in Ausnahmefällen, wenn also besondere Umstände vorliegen, einen Verzicht auf die Vollstreckung der Ersatzfreiheitsstrafe zu rechtfertigen vermögen.

### *d) Das Absehen von der Vollstreckung der Geldstrafe*

Erschwert die Vollstreckung der Geldstrafe die Wiedereingliederung des Verurteilten, so kommt unter den weiteren Voraussetzungen des § 459 d I StPO ein Absehen von der Vollstreckung der Geldstrafe in Betracht, was dazu führt, daß auch die Ersatzfreiheitsstrafe nicht mehr vollstreckt werden darf (§ 459 e IV 1 StPO).

Von Bedeutung ist dabei insbesondere § 459 d I Nr. 2 StPO. Nach dieser Vorschrift kann von der Vollstreckung der Geldstrafe abgesehen werden, wenn in einem anderen Verfahren Freiheitsstrafe verhängt worden ist und die Voraussetzungen des § 55 StGB nicht vorliegen. Bedeutsam ist dies insofern, als häufig Freiheits- und Ersatzfreiheitsstrafen unmittelbar nacheinander vollstreckt werden. Da Ersatzfreiheitsstrafen nach Möglichkeit erst nach Freiheitsstrafen vollstreckt werden sollen, böte sich die Möglichkeit, durch eine Anwendung des § 459 d I StPO auf die Vollstreckung der Ersatzfreiheitsstrafe ganz zu verzichten, wenn dies im Wiedereingliederungsinteresse geboten ist. Es ist dabei ohne Bedeutung, daß die Vollstreckung der Ersatzfreiheitsstrafe bereits angeordnet ist[393]. Das Unterbleiben der Vollstreckung der Geldstrafe kann zu jedem Zeitpunkt angeordnet werden, wie sich aus § 459 e IV 1 StPO ergibt.

---

[391] *Reiß* berichtet, daß nur 20 - 30 % der Geldstrafenschuldner auf das ihnen unterbreitete Angebot zur Ableistung gemeinnütziger Arbeit reagieren; vgl. *Reiß*, Rpfleger 1985, 133, 136; vgl. auch *Krieg u.a.*, MschrKrim 1984, 25, 33.

[392] Etwa 20 % der vermittelten Arbeitseinsätze müssen als gescheitert angesehen werden; vgl. *Schädler*, ZRP 1983, 5, 9; *Reiß*, Rpfleger 1985, 133, 136; zu den Erfahrungen mit dem community service order in England, bei dem die Abbruchquote auch in etwa in der genannten Höhe liegt, vgl. *Huber*, JZ 1980, 638, 642 sowie *dies.* in *Jescheck* (1983), S. 233 (Fn 351).

[393] Vgl. *OLG Koblenz* MDR 1978, 248; *Pohlmann* in *Pohlmann/Jabel*, § 37 Rn 35.

Allerdings soll der Anwendungsbereich der Vorschrift nach vorherrschender Auffassung recht gering sein, weil die Unterbleibensanordnung Ausnahmecharakter habe. Es sei nämlich – so wird zur Begründung angeführt – das öffentliche Interesse an der Strafvollstreckung zu berücksichtigen. § 459 d StPO soll nur in besonderen Ausnahmefällen Anwendung finden[394], da sich die Anordnung als ein Eingriff in eine rechtskräftige Entscheidung darstelle, und die Unterbleibensanordnung praktisch einem Erlaß der Geldstrafe gleichstehe[395], weil sie zeitlich nicht begrenzt ist und nicht widerrufen werden kann[396].

Eine allzu restriktive Handhabung der Vorschrift ist aber bedenklich. Während die bisherigen Erörterungen Möglichkeiten zur Vermeidung eines Freiheitsentzuges überhaupt beinhalteten, böte sich bei einer vermehrten Anwendung der Vorschrift des § 459 d StPO die Chance, Ersatzfreiheitsstrafen, die nach normalen Freiheitsstrafen zur Vollstreckung anstehen, nicht mehr zu vollstrecken. Von den sich hier bietenden Möglichkeiten sollte auch Gebrauch gemacht werden. Der Gesichtspunkt, das Absehen von der Vollstreckung der Geldstrafe solle nur in Ausnahmefällen erfolgen, muß aus mehreren Gründen zurücktreten: Mit zunehmendem zeitlichen Abstand zu der Verurteilung nimmt das öffentliche Interesse an der Vollstreckung der Strafe ab, Wiedereingliederungsgesichtspunkte werden gewichtiger[397]. Das öffentliche Interesse an der Strafvollstreckung ganz in den Vordergrund treten zu lassen, ist auch problematisch. Denn der im Gesetzgebungsverfahren erhobenen Forderung, den § 459 d I StPO dahingehend zu erweitern, daß dann, wenn die Bewährung der Rechtsordnung oder das Interesse der Allgemeinheit einem Absehen von der Vollstreckung der Geldstrafe entgegenstehen, auch die Strafe zu vollstrekken, ist entgegengehalten worden, daß eine solche Einschränkung die gerichtliche Praxis erschweren könne[398]. Damit ist dem Wiedereingliederungsaspekt ein besonderes Gewicht verliehen worden, was sich insbesondere auch an der Formulierung zeigt, ein Absehen von der Strafvollstreckung komme schon dann in Betracht, wenn die Wiedereingliederung erschwert werden könnte. Es ist also noch nicht einmal erforderlich, daß die Wiedereingliederung des Täters das Absehen von der Vollstreckung gebietet. Entsprechende Änderungsvorschläge sind im Gesetzgebungsverfahren ausdrücklich abgelehnt wor-

---

[394] Vgl. *OLG Hamm* JMBlNW 1976, 107; *Chlosta,* KK, § 459 d Rn 5; *Wendisch* in *Löwe/Rosenberg,* § 459 d Rn 9; vgl. auch BT-Prot. 7/ S. 666.

[395] Die Unterbleibensanordnung stellt rechtstechnisch keinen Erlaß der Geldstrafe dar. In ihrer Wirkung entspricht sie aber einem Erlaß, denn das Unterbleiben wird nicht auf Zeit angeordnet, und auch ein Widerruf wegen veränderter Verhältnisse ist – anders als bei § 459 f StPO – nicht vorgesehen; vgl. *OLG Hamm* JMBlNW 1976, 107.

[396] Es ist ganz hM, daß bei einer Anordnung nach § 459 d StPO die Geldstrafe nicht mehr vollstreckt werden kann; vgl. *Wendisch in Löwe/Rosenberg,* § 459 d Rn 10.

[397] Vgl. *OLG Celle* NdsRpfl. 1978, 291; *Chlosta,* KK, § 459 d Rn 5.

[398] Vgl. BT-Prot. 7/S. 666.

den[399]. Vor allem dürfte aber durch den vorangegangenen Freiheitsentzug – anders als bei einer zur Bewährung ausgesetzten Freiheitsstrafe – die Durchsetzung der Geldstrafe als nicht mehr so dringlich erscheinen. Durch die Verbüßung der Freiheitsstrafe, die zwar eine andere Tat betrifft, ist dem Genugtuungsbedürfnis der Gesellschaft Genüge getan. Ebenso wie bei einer Einstellung des Verfahrens nach § 154 StPO die Verfolgung der Straftat unterbleibt, wenn die Tat nicht beträchtlich ins Gewicht fällt, sollte auch vermehrt von der Vollstreckung der Geld- und damit der Ersatzfreiheitsstrafe abgesehen werden.

Wird voraussichtlich durch die Vollstreckung der Geldstrafe (in Form der Ersatzfreiheitsstrafe) die Wiedereingliederung des Täters in die Gesellschaft gefährdet, so erscheint eine Anwendung von § 459 d StPO berechtigt. Es ist insofern bedauerlich, wenn in der Praxis nur selten von der Vorschrift Gebrauch gemacht wird. Hier böte sich eine Möglichkeit, über den Anwendungsbereich von § 57 I StGB hinaus, von der Vollstreckung der Ersatzfreiheitsstrafe abzusehen. Dem Einwand, dies betreffe nur den Personenkreis, der noch eine andere Freiheitsstrafe zu verbüßen habe, dürfte entgegenzuhalten sein, daß gerade die Personen, die lange Ersatzfreiheitsstrafen zu verbüßen haben und damit in den Anwendungsbereich von § 57 I StGB fallen, häufiger auch noch andere Freiheitsstrafen zu verbüßen haben. Dies zeigt die Praxis, wird im übrigen auch durch die Untersuchung von Albrecht bestätigt, der zu der Feststellung kam[400], daß vor und nach der Geldstrafenverurteilung häufig Freiheitsstrafen gegen die Ersatzfreiheitsstrafenverbüßer verhängt werden.

Damit läßt sich zunächst feststellen, daß eine vermehrte Anwendung von § 459 d StPO auf Ersatzfreiheitsstrafenverbüßer eine Anwendung von § 57 I StGB nicht mehr als so dringlich erscheinen läßt, ja sogar über den Anwendungsbereich dieser Vorschrift in vielen Fällen erheblich hinausgeht.

### *e) Das Absehen von der Vollstreckung der Ersatzfreiheitsstrafe*

Des weiteren kommt auch ein Absehen von der Vollstreckung der Ersatzfreiheitsstrafe gemäß § 459 f StPO in Betracht, wenn diese für den Verurteilten eine „unbillige Härte" bedeutet[401]. Im folgenden ist zunächst zu prüfen, in welchem Umfang die Vorschrift vor einem Strafantritt angewandt werden könnte. Von besonderem Interesse ist sodann die Frage, ob § 459 f StPO auch noch nach Strafantritt einen Anwendungsbereich hat und somit zumindest teilweise die Anwendung von § 57 I StGB ersetzen kann.

---

399 Vgl. BT-Prot. 7/S. 665 sowie BT-Drucks. 7/550, S. 310.

400 Vgl. *Albrecht* (1982), 166, 192.

401 Zum Verhältnis von § 459 d zu § 459 f StPO vgl. *Chlosta,* KK, § 459 d Rn 4; *Wendisch* in *Löwe/Rosenberg,* § 459 d Rn 7.

### aa) Vor Strafantritt

Voraussetzung für das Vorliegen einer „unbilligen Härte“ ist, daß der Verurteilte auch bei äußerster Anstrengung seiner Kräfte nicht in der Lage ist, sich die Mittel für eine zumindest ratenweise Abzahlung der Geldstrafe zu beschaffen. Von der Vollstreckung der Ersatzfreiheitsstrafe kann nur abgesehen werden, wenn mit ihr eine außerhalb des Strafzweckes liegende zusätzliche Härte verbunden wäre, die dem Verurteilten auch unter Berücksichtigung des Zwecks der Strafe nicht zugemutet werden kann[402]. Die Ersatzfreiheitsstrafe soll die regelmäßige Folge der Uneinbringlichkeit der Geldstrafe bleiben, da die Wirksamkeit der Geldstrafenreform davon abhängen soll, daß die Geldstrafe grundsätzlich vollstreckt wird.

Dem wird man auch im Grundsatz zustimmen müssen. Schon der Begriff „unbillige Härte“ deutet darauf hin, daß nur in Ausnahmefällen von der Vollstreckung der Ersatzfreiheitsstrafe abgesehen werden soll. Angesichts der weitgehenden Übereinstimmung, daß Ersatzfreiheitsstrafen nach Möglichkeit vermieden werden sollten, ist es aber kaum verständlich, wenn von der Rechtsprechung die Vorschrift des § 459 f StPO nur selten angewandt wird[403]. Albrecht berichtet, daß bei von ihm untersuchten 1540 Ersatzfreiheitsstrafen in keinem Falle wegen einer unbilligen Härte von der Vollstreckung der Ersatzfreiheitsstrafe abgesehen worden ist[404]. Auch wenn es grundsätzlich sicher richtig ist, daß eine strafbare Handlung nicht ohne fühlbare Sanktion bleiben sollte, so ist doch zu fragen, ob ein Absehen von der Vollstreckung der Ersatzfreiheitsstrafe auf seltene Ausnahmefälle beschränkt bleiben sollte, und ob eine gewisse Lückenhaftigkeit – wie bei den Strafdrohungen und bei der Strafverfolgung[405] – auch im Bereich der Strafvollstreckung hinnehmbar ist[406]. Dabei ist auch zu bedenken, daß die Vollstreckung der Geldstrafe bei einer Anordnung nach § 459 f StPO anders als bei einer Anordnung nach § 459 d StPO weiterhin bestehen bleibt[407] und gegebenenfalls, sofern der Geldstrafenschuldner zu einer Zahlung der Geldstrafe in der Lage ist, auch zwangsweise durchgesetzt werden kann.

---

402 Vgl. *BGHSt* 27, 90, 93; *Chlosta*, KK, § 459 f Rn 3; *Wendisch* in *Löwe/Rosenberg*, § 459 f Rn 6; *Tröndle*, ZStW 86, 545, 570.

403 Auf den begrenzten Anwendungsbereich der Vorschrift haben *Zipf*, JR 1977, 121, 123; *Dölling*, NStZ 1981, 86, 89 sowie *Weber*, S. 187 hingewiesen; für eine vermehrte Anwendung von § 459 f StPO haben sich etwa *Chlosta*, KK, § 459 f Rn 4; *Geerds*, JR 1969, 339, 342; *Frank*, NJW 1978, 141, 143; *Baumann/Weber*, S. 609; *Jescheck* in *Jescheck/Grebing*, S. 150 f; *Schönke/Schröder/Stree*, § 43 Rn 9 ausgesprochen.

404 *Albrecht* (1980), S. 252; *ders.*, MschrKrim 1981, 265, 271.

405 Vgl. §§ 153 ff StPO.

406 Vgl. hierzu *Baumann*, Loccumer Protokolle, S. 62 f; *Frank*, MDR 1976, 626, 628.

407 Vgl. D III 1 d).

Es lassen sich auch eine Reihe von Fällen denken, in denen § 459 f StPO Anwendung finden könnte. Zum einen könnte sich bei familiären Schwierigkeiten die Vollstreckung der Ersatzfreiheitsstrafe als eine unbillige Härte darstellen, namentlich dann, wenn wegen längerer Krankheit der Ehefrau des Verurteilten die Kinder unversorgt bleiben müßten[408]. In diesem Falle könnte sowohl die (Teil-)Zahlung der Geldstrafe als auch die Ableistung gemeinnütziger Arbeit tatsächlich für den Verurteilten unmöglich sein. Auch der Fall, daß der Verurteilte durch den Freiheitsentzug seine Arbeitsstelle verliert und eine längere Arbeitslosigkeit zu vergegenwärtigen hat, könnte die Vollstrekkung der Ersatzfreiheitsstrafe als unbillig erscheinen lassen. Eine ordnungsgemäße Zahlung der Geldstrafe wird häufig trotz eines vorhandenen Einkommens einfach deswegen nicht möglich sein, weil der Verurteilte erheblich verschuldet ist und entsprechend private Gläubiger zu befriedigen hat[409]. Kommt der Verurteilte diesen Verpflichtungen nach und ist er tatsächlich zur Zahlung der Geldstrafe nicht in der Lage, so wird man angesichts der großen Bedeutung eines Arbeitsplatzes die Vollstreckung der Ersatzfreiheitsstrafe als unbillig ansehen können.

In besonderen Fällen erscheint dies auch dann berechtigt, wenn der Verurteilte arbeitslos geworden ist und infolgedessen die Geldstrafe nicht aufzubringen vermag. Zwar ist im Gesetzgebungsverfahren betont worden, daß ein Verlust des Arbeitsplatzes allein nicht das Absehen von der Vollstreckung der Ersatzfreiheitsstrafe zu rechtfertigen vermag[410], treten aber besondere Umstände hinzu, so wird man doch zu dem Ergebnis gelangen können, daß eine Vollstreckung der Ersatzfreiheitsstrafe unbillig wäre. Dies wäre etwa der Fall, wenn der Verurteilte sich bemüht, nach besten Kräften Unterhaltspflichten nachzukommen[411], aber auch dann, wenn der Verurteilte bei einem hohen Verdienst zu einer Geldstrafe mit einer entsprechend hohen Tagessatzhöhe verurteilt worden ist, und er im Falle einer Arbeitslosigkeit selbst kleine Raten nicht bezahlen kann. Angesichts einer hohen Verschuldung wird dies vielen Geldstrafenschuldnern tatsächlich nicht möglich sein. Hier könnte ein gewisser Ausgleich dadurch geschaffen werden, daß die Geldstrafe herabgesetzt würde[412]. Nach deutschem Recht ist dies aber bisher nicht möglich[413]. Im

---

408 Vgl. *Wendisch* in *Löwe/Rosenberg,* § 459 f Rn 6.

409 Zu entsprechenden Überlegungen, die Vollstreckung der Geld- bzw. Ersatzfreiheitsstrafe für einen bestimmten Zeitraum aufzuschieben, wenn der Geldstrafenschuldner sich zu angemessenen Leistungen an private Gläubiger bzw. zu einer Schadenswiedergutmachung bereit erklärt, vgl. die 52. Sitzung des Rechtsausschusses vom 22. Mai 1985, S. 30 f.

410 Vgl. BT-Drucks. 7/S. 664.

411 So auch *Kleinknecht/Meyer,* § 459 f Rn 5.

412 Vgl. etwa § 19 IV des österreichischen StGB, nach dem eine Herabsetzung der Geldstrafe möglich ist, wenn sich die wirtschaftlichen Verhältnisse nicht nur unwesentlich verändert haben; vgl. dazu *Driendl,* S. 135 ff.

Gesetzgebungsverfahren ist es erörtert worden, ob nicht der § 459 f StPO derart erweitert werden sollte, daß das Gericht die Anordnung des Absehens von der Vollstreckung der Ersatzfreiheitsstrafe davon abhängig machen könnte, daß der Verurteilte innerhalb einer zu bestimmenden Frist einen Teilbetrag auf die Geldstrafe zahlt[414]. Beweist der Verurteilte seinen guten Willen und nimmt einen Teil des Strafübels auf sich, sollte die Unterbleibensanordnung gerechtfertigt sein[415]. Von einer Übernahme dieser Erwägungen in das Gesetz wurde aber Abstand genommen, da man meinte, die Vorschrift würde zu kompliziert[416]. Auch wollte man ein Feilschen zwischen Gericht und Verurteiltem vermeiden. Man wird aber feststellen können, daß dann, wenn der Verurteilte sich bemüht, die Geldstrafe zu bezahlen, ihm dies aber aufgrund von ihm nicht zu vertretender Umstände nicht weiter möglich ist, auch das bestehende Recht die Möglichkeit bietet, von der Vollstreckung der Ersatzfreiheitsstrafe abzusehen[417].

Bei der Entscheidung über das Absehen von der Vollstreckung der Ersatzfreiheitsstrafe könnte besonders berücksichtigt werden, inwieweit sich der Delinquent in der Vergangenheit strafbar gemacht hat und inwieweit in der Zukunft von ihm noch Straftaten zu erwarten sind[418]. Die Berücksichtigung des Legalverhaltens hätte dabei auch den Vorzug, daß der Verurteilte die Vollstreckung der Ersatzfreiheitsstrafe nicht seiner Armut, sondern seiner Lebensführung, insbesondere seinem kriminellen Verhalten, zuzuschreiben hätte[419]. Je geringer sich ein bisher gezeigtes kriminelles Verhalten darstellt, desto eher erscheint es als unbillig, den Delinquenten die Ersatzfreiheitsstrafe verbüßen zu lassen.

Bei der Entscheidung nach § 459 f StPO sind in jedem Falle die gesamten Lebensumstände des Verurteilten zu würdigen. Und hier liegt die Crux der

---

413 Zu Überlegungen, die Höhe der Tagessätze bei der Geldstrafe nachträglich herabzusetzen sowie die Beitreibung der Geldstrafe auszusetzen, vgl. BT-Drucks. 10/4391, S. 3; 10/5828, S. 4.

414 Vgl. BT-Drucks. 10/2720, S. 6.

415 Vgl. auch die Rechtslage in Schweden. Dort kann die Ersatzfreiheitsstrafe teilweise erlassen werden, wenn der Verurteilte alles in seiner Macht Stehende getan hat, um die Geldstrafe zu bezahlen, wobei er allerdings mindestens sechs Tage Haft zu verbüßen hat. Bei Vorliegen besonderer Umstände kann die Ersatzfreiheitsstrafe aber auch ganz erlassen werden, vgl. hierzu *Ermgassen* in *Jescheck/Grebing,* S. 937.

416 Vgl. das Protokoll der 64. Sitzung des Rechtsausschusses des Deutschen Bundestages vom 6. November 1985, S. 7 a f sowie BT-Drucks. 10/4391, S. 19.

417 Wenn im Gesetzgebungsverfahren die vorgesehene Regelung nicht in das Gesetz aufgenommen wurde, so lag dies nicht zuletzt dran, daß man hoffte, durch die Einführung der gemeinnützigen Arbeit ein wirksames Mittel zur Vermeidung der Ersatzfreiheitsstrafe zu haben, welche eine Ergänzung des § 459 f StPO entbehrlich mache; vgl. hierzu *Groß,* StVert. 1985, 81, 83.

418 Darauf weisen insbesondere das *OLG Schleswig,* OLGSt. § 57, S. 23, 24 und *Grebing* in *Jescheck/Grebing,* S. 151 (m.w.Nw.) hin.

419 Vgl. *Jescheck,* FS für Gallas, S. 27, 43.

Vorschrift. In aller Regel wird der Richter allein überfordert sein, das Vorliegen der Voraussetzungen für die Annahme einer „unbilligen Härte" sicher zu ermitteln. Zur Vorbereitung der Entscheidung böte es sich daher an, den Geldstrafenschuldner selbst zu hören. Auf diese Weise könnte sich der Richter ein Bild von dem Verurteilten machen[420]. Um die Angaben des Verurteilten zu überprüfen, wäre auch die Einschaltung der Gerichtshilfe sinnvoll. Gerade die mit den Projekten der gemeinnützigen Arbeit gemachten Erfahrungen zeigen, daß der Anwendungsbereich von § 459 f StPO erheblich ausgeweitet werden könnte. Es ist zu beobachten, daß mit Beginn der Projekte die Zahl der nach § 459 f StPO gestellten Anträge gestiegen ist, was sich daraus erklärt, daß die mit den Projekten befaßten Gerichtshelfer Einblick in die persönlichen Verhältnisse des Verurteilten gewinnen und Anträge nach § 459 f StPO befürworten, denen die Gerichte auch vermehrt stattgeben. Hier zeigt sich die Richtigkeit der von Albrecht gemachten Feststellung, daß das Vollstreckungsverfahren bei der Geldstrafe durch den persönlichen Kontakt zu dem Verurteilten erheblich verbessert werden kann[421].

Grundsätzlich wird man damit feststellen können, daß der Anwendungsbereich von § 459 f StPO zwar begrenzt ist, es könnte aber doch über die derzeitige Praxis hinaus vermehrt von der Vollstreckung der Ersatzfreiheitsstrafe abgesehen werden, wenn eine Gesamtwürdigung der Lebensumstände des Geldstrafenschuldners die Vollstreckung der Ersatzfreiheitsstrafe als unbillig erscheinen lassen sollte. Die Anforderungen an das Vorliegen einer „unbilligen Härte" sollten dabei nicht überspannt werden.

Der Anwendungsbereich der Vorschrift wird allerdings entscheidend davon abhängen, inwieweit der Geldstrafenschuldner tatsächlich die Möglichkeit zur Tilgung der Geldstrafe durch die Ableistung gemeinnütziger Arbeit hat. Besteht eine solche Möglichkeit und nimmt der Verurteilte diese Möglichkeit nicht wahr, so wird eine Anwendung von § 459 f StPO nur in einem beschränkten Maße in Betracht kommen, da es der Geldstrafenschuldner selbst in der Hand hat, ob er es zur Vollstreckung der Geldstrafe kommen lassen will. Auf der Grundlage des geltenden Rechts wird hier allenfalls in beson-

---

420 So auch *Schädler,* ZRP 1985, 186, 191; vgl. auch § 453 I StPO; danach hat das Gericht dem Verurteilten Gelegenheit zur mündlichen Anhörung zu geben, wenn der Widerruf der Strafaussetzung in Betracht kommt.

421 *Albrecht* (1980), S. 320; *Albrecht* kommt auch zu dem Ergebnis, daß bei den Vollstreckungsbehörde ein reaktives Handlungsmuster vorlag. Vergünstigungen hingen weitgehend von der Initiative des Geldstrafenschuldners ab; vgl. *Albrecht* (1980), S. 280. Daraus ist der Schluß zu ziehen, daß es sinnvoll wäre, von Amts wegen zu prüfen, ob die Voraussetzungen für Zahlungserleichterungen bzw. ein Absehen von der Vollstreckung der Ersatzfreiheitsstrafe vorliegen. Auch erscheint es sinnvoll, ein Gericht über die Vollstreckung der Ersatzfreiheitsstrafe entscheiden zu lassen, welches die Voraussetzungen für die Vollstreckung der Ersatzfreiheitsstrafe zu prüfen hätte. In jedem Falle sollte eine schematische Anordnung der Vollstreckung der Ersatzfreiheitsstrafe vermieden werden.

ders gelagerten Fällen eine Anwendung von § 459 f StPO in Betracht kommen[422]. Stehen Alternativen zum Freiheitsentzug in Form der Arbeitsprojekte jedoch nicht zur Verfügung, so sollte auch in einem vertretbaren Rahmen bei Vorliegen besonderer Umstände die Vorschrift des § 459 f StPO angewandt werden.

### bb) Nach Strafantritt

Von besonderem Interesse ist des weiteren die Frage, ob nicht auch nach Beginn der Vollstreckung der Ersatzfreiheitsstrafe § 459 f StPO Anwendung finden und damit in einem gewissen Umfange die Vorschrift des § 57 I StGB entbehrlich machen könnte.

Dabei ist zunächst festzustellen, daß § 459 f StPO von seinem Anwendungsbereich auf den Fall zugeschnitten ist, daß Ersatzfreiheitsstrafen überhaupt vermieden werden. Dies wird deutlich, wenn man sich § 29 IV StGB aF betrachtet. Nach § 29 IV StGB aF war es für das Absehen von der Vollstreckung der Ersatzfreiheitsstrafe entscheidend, daß der Geldstrafenschuldner ohne sein Verschulden die Geldstrafe nicht zahlen konnte. War diese Frage verneinend entschieden und entsprechend die Vollstreckung der Ersatzfreiheitsstrafe angeordnet, war für ein Absehen von der Vollstreckung nach Strafbeginn an sich kein Raum mehr.

Der Begriff der „unbilligen Härte" in § 459 f StPO ist aber weitergehend, so daß es mit dem Wortlaut vereinbar ist, auch dann, wenn die weitere Vollstreckung der Ersatzfreiheitsstrafe für den Verurteilten eine unbillige Härte darstellen würde, von ihrer Vollstreckung abzusehen[423]. Fraglich ist aber, in welchen Fällen § 459 f StPO zur Anwendung gelangen könnte.

Zunächst kommen die Fälle in Betracht, die auch schon vor Strafantritt ein Absehen von der Strafvollstreckung rechtfertigen würden. Erkrankt etwa die Ehefrau während der Vollstreckung der Ersatzfreiheitsstrafe und sind Kinder zu versorgen, so ist von der weiteren Vollstreckung der Ersatzfreiheitsstrafe abzusehen[424].

Bei den insoweit in Betracht kommenden Fällen handelt es sich doch eher um selten eintretende Ausnahmefälle, so daß der Anwendungsbereich der

---

[422] Vgl. aber auch *Schädler,* der auch dann, wenn das Angebot an gemeinnütziger Arbeit nicht angenommen wird, ein Bedürfnis für eine Aussetzung der Ersatzfreiheitsstrafe sieht, vgl. *Schädler,* ZRP 1985, 186, 191; ähnlich auch *Albrecht,* BewHi 1985, 121, 125.

[423] Eine entsprechende Vorschrift ist bei der Vollstreckung der normalen Freiheitsstrafe nicht vorhanden. In Betracht kommt nur die Gewährung eines Gnadenerweises.

[424] Neben § 459 f StPO ist auch § 455 IV StPO auf Ersatzfreiheitsstrafenverbüßer anwendbar und vermag Gründe, die in der Person des Verurteilten liegen, zu berücksichtigen; vgl. *LG Frankfurt* StVert. 1983, 292.

Vorschrift insofern gering ist. Entsprechend finden sich in den Kommentierungen zu § 459 f StPO kaum Beispiele, wann die Vorschrift nach Strafantritt einmal zum Zuge kommen könnte. Fraglich ist, ob sich nicht doch ein weiterer Anwendungsbereich der Vorschrift des § 459 f StPO eröffnen könnte.

Chlosta[425] vertritt die Auffassung, daß dann, wenn sich eine ursprünglich ungünstige Täterprognose im Verlaufe des Vollzuges zum Positiven hin gewandelt hat, ein Absehen von der Vollstreckung der Ersatzfreiheitsstrafe in Betracht kommen sollte. Durch eine Anordnung nach § 459 f StPO könne eine dem § 454 StPO vergleichbare Wirkung erzielt werden. Durch eine flexible Anwendung von § 459 f StPO nach Strafantritt würde dem Rechtsgedanken des § 57 StGB Rechnung getragen werden können.

Die Auffassung von Chlosta ist jedoch in der Praxis problematisch. Es ist bei der Frage nach der Sozialprognose erörtert worden, daß den Ersatzfreiheitsstrafenverbüßern in den meisten Fällen eine günstige Prognose von vornherein gestellt werden kann. Bei der kurzen Vollzugszeit wird es sich nur schwer feststellen lassen, ob die Prognose günstig oder ungünstig für den Täter ausfällt.

In dieser Form dürfte Chlosta auch nicht zu verstehen sein. Im Grundsatz ist seinem Gedanken zu folgen. Stellen sich die Lebensumstände des Verurteilten im Verlaufe des Vollzuges günstiger dar, eröffnen sich dem Verurteilten neue Lebensperspektiven, so sollte auch ein Absehen von der Vollstreckung der Ersatzfreiheitsstrafe in Betracht kommen. Hat der Verurteilte die konkrete Aussicht auf einen Arbeitsplatz, was zu der Erwartung berechtigt, daß er die Geldstrafe noch bezahlen werde, so sollte ein Absehen von der weiteren Vollstreckung der Strafe möglich sein. Allerdings könnte in diesem Falle auch ein Abbruch der Vollstreckung dadurch erfolgen, daß dem Verurteilten Zahlungserleichterungen gewährt werden. Diese sind auch noch nach Strafantritt zulässig und führen dazu, daß der Verurteilte aus der Haft zu entlassen ist[426].

In dem genannten Fall konkurriert die Möglichkeit der Gewährung von Zahlungserleichterungen mit der Möglichkeit, nach § 459 f StPO von der Vollstreckung der Ersatzfreiheitsstrafe abzusehen. Es lassen sich aber auch Fälle denken, in denen die Gewährung von Zahlungserleichterungen an sich nicht angezeigt ist, wo aber dennoch ein Absehen von der weiteren Vollstreckung der Ersatzfreiheitsstrafe möglich sein sollte. So kann etwa die Teilnahme an einer Ausbildungsmaßnahme die weitere Vollstreckung der Ersatzfreiheitsstrafe als unbillig erscheinen lassen, wenn durch die Vollstreckung die Teilnahme an der Maßnahme gefährdet wäre. Schließlich könnte man zumindest in bestimmten Fällen auch bei einer Teilnahme an Therapiemaßnahmen,

---

425 *Chlosta,* KK, § 459 f Rn 4; auch *Frank,* NJW 1978, 141, 143.

426 Vgl. *OLG Celle* JR 1977, 121, 122; *OLG Stuttgart* MDR 1978, 331, 332; *OLG Karlsruhe* Die Justiz 1978, 146, 148; *Pohlmann* in *Pohlmann/Jabel,* § 37 Rn 35.

wobei angesichts der erheblichen Alkoholproblematik vieler Ersatzfreiheitsstrafenverbüßer[427] insbesondere an Alkoholentziehungstherapien zu denken wäre, die weitere Vollstreckung der Ersatzfreiheitsstrafe als unbillig werten, nämlich dann, wenn die Erwartung begründet ist, daß bei einem Erfolg der Maßnahme die Geldstrafe doch noch gezahlt wird.

Bei der Entscheidung ist zu berücksichtigen, daß bei einem Absehen von der Vollstreckung lediglich die Ersatzfreiheitsstrafe ausgesetzt wird[428]. Ist der Verurteilte zu einer Zahlung wieder in der Lage, ist er verpflichtet, die Geldstrafe zu bezahlen. Es kann auch versucht werden, noch bis zum Ablauf der Verjährungsfrist die Geldstrafe beizutreiben. Stellt sich die Vollstreckung der Ersatzfreiheitsstrafe infolge nachträglich eintretender Umstände nicht mehr als eine unbillige Härte dar, kann ein Widerruf der Anordnung erfolgen. Die Rechtslage stellt sich bei einer Anordnung nach § 459 f StPO damit anders dar als bei einer Anordnung nach § 459 d StPO. Wegen der weiteren Vollstreckungsmöglichkeit der Strafe ist ein Absehen von der Vollstreckung eher vertretbar.

Die Vorschrift des § 459 f StPO könnte damit immer dann, wenn besondere Umstände vorliegen, ein Absehen von der Vollstreckung der Strafe rechtfertigen. Dies ist aber in jedem Falle positiv festzustellen. Bei der Entscheidung können die Sozialdienste in den Vollzugsanstalten mit ihrem Wissen über die Person des Inhaftierten behilflich sein. Können positive Feststellungen nicht getroffen werden, hat der Geldstrafenschuldner die Ersatzfreiheitsstrafe voll zu verbüßen, was auch im Vergleich zu den Verurteilten, die sich redlich bemühen, die Geldstrafe aufzubringen, nur als gerecht angesehen werden kann. Eine flexiblere Anwendung von § 459 f StPO würde sogar über den Anwendungsbereich von § 57 I StGB hinausgehen, da die zeitlichen Grenzen (Mindestverbüßungszeit von zwei Monaten, Restaussetzung erst nach Verbüßung von zwei Dritteln der Strafe) nicht eingehalten werden müssen. Die Verkürzung kann damit allen Ersatzfreiheitsstrafen zugute kommen. Unter Gerechtigkeitserwägungen ist dies geboten.

Zusammenfassend läßt sich damit feststellen, daß der Anwendungsbereich von § 459 f StPO zwar begrenzt ist, aber in den Fällen, in denen die Vollstreckung der Ersatzfreiheitsstrafe als unbillig erscheint, zu sachgerechten Ergebnissen zu führen vermag. Neben der Vorschrift des § 459 f StPO könnte auch die nachträgliche Gewährung von Zahlungserleichterungen, wenn die Erwartung berechtigt ist, daß die Geldstrafe noch gezahlt wird, zu einem Abbruch der weiteren Vollstreckung der Ersatzfreiheitsstrafe führen. Bei einer sinnvollen Handhabung dieser Möglichkeiten besteht kein zwingendes Bedürfnis für die systemwidrige Anwendung des § 57 I StGB.

---

[427] Vgl. oben D II 3 a).

[428] Vgl. *Wendisch* in *Löwe/Rosenberg*, § 459 f Rn 8 f.

### *f) Die Zahlung der Geldstrafe aus der Haft heraus*

Es ist oben schon erörtert worden[429], daß vielfach auch noch nach Strafantritt zumindest teilweise die Geldstrafe gezahlt wird, was zur Folge hat, daß sich die Ersatzfreiheitsstrafe ganz entscheidend verkürzt. Eine Anwendung von § 57 I StGB erscheint insoweit entbehrlich. Im folgenden ist noch auf einen weiteren Gesichtspunkt einzugehen, der die Frage berechtigt erscheinen läßt, ob das Problem der Ersatzfreiheitsstrafenvollstreckung nicht in absehbarer Zeit an Bedeutung verlieren wird.

Die Auffassung etwa des OLG Koblenz[430], daß in aller Regel nach Teilverbüßung einer Ersatzfreiheitsstrafe die finanzielle Lage der Verurteilten nicht besser, sondern eher schlechter sein wird, trifft nicht zu. Es ist in der Praxis immer wieder zu beobachten, daß die Verurteilten ihr durch Arbeit in der Anstalt erzieltes Hausgeld (vgl. § 47 StVollzG) zur Bezahlung der Geldstrafe verwenden und damit die Ersatzfreiheitsstrafe abkürzen[431]. Dies wird gerade dem Ziel der Geldstrafe gerecht, nämlich den Verurteilten durch eine Beschränkung des Lebensstandards und durch den damit verbundenen Konsumverzicht zu einer Tilgung seiner Schuld zu veranlassen.

Angesichts des geringen Arbeitsentgeltes, das den Inhaftierten zur Zeit gewährt wird (vgl. §§ 43 in Verbindung mit 200 StVollzG), ist eine Bezahlung der Geldstrafe aber nur in einem begrenzten Rahmen möglich. Für das Haushaltsjahr 1986 betrug der gemäß § 1 II StVollzVergO festgesetzte Grundlohn des Arbeitsentgeltes in der mittleren Vergütungsstufe nur 6,86 DM täglich, wobei allerdings noch Zuschläge anfallen können. Es ist aber zu bedenken, daß auch die Höhe eines Tagessatzes bei den Ersatzfreiheitsstrafenverbüßern – angesichts ihrer schlechten wirtschaftlichen Lage – häufig sehr gering sein wird, so daß eine Zahlung der Geldstrafe doch im Bereich des Möglichen liegt. Es ist für die Zukunft geplant, das den Inhaftierten zu zahlende Arbeitsentgelt erheblich zu erhöhen, mit dem Ziel, eine Angleichung an die allgemeinen Lebensverhältnisse (vgl. § 3 StVollzG) zu erreichen[432]. Sobald sich

[429] Vgl. oben D I 2.

[430] *OLG Koblenz* MDR 1977, 422, 423 f; vgl. auch *OLG Zweibrücken* JR 1976, 466, 467; *OLG Düsseldorf* NJW 1977, 308.

[431] Möglicherweise könnte auch ein Teil des an sich zu bildenden Überbrückungsgeldes (vgl. § 51 StVollzG) für die Zahlung der Geldstrafe verwendet werden, so *Pécic* im Alternativkommentar zum StVollzG, § 51 Rn 10 a; vgl. zu dem Problem auch *Volckart,* NStZ 1982, 496, 499. Die Freigabe derartiger Gelder ist allerdings problematisch, weil es zweifelhaft ist, ob die Inanspruchnahme der Gelder der Wiedereingliederung des Gefangenen dient (vgl. § 51 III StVollzG). Dies wird man aber dann bejahen können, wenn durch den Abbruch der Vollstreckung der Ersatzfreiheitsstrafe etwa eine Arbeitsaufnahme erreicht werden kann, also eine Wiedereingliederungsmaßnahme angestrebt wird. Vorrangig wäre aber zu prüfen, ob nicht § 459 f StPO bzw. die Gewährung von Zahlungserleichterungen ein Absehen von der Vollstreckung der Strafe ermöglichen.

[432] Die Absicht, das Arbeitsentgelt von 5 auf 10 % der Eckvergütung zu erhöhen, ist zunächst am Widerstand des Bundesrates wegen der zu erwartenden Mehrausgaben gescheitert; vgl. die Kommentierung zu § 200 bei *Schwind/Böhm.*

insoweit die Verdienstmöglichkeiten verbessern werden – und dies ist nur zu befürworten –, würde sich die zu verbüßende Ersatzfreiheitsstrafe bei entsprechendem Willen der Inhaftierten erheblich verringern.

Zusammenfassend läßt sich damit festhalten, daß das Gesetz eine ganze Reihe von Möglichkeiten zur Vermeidung der Ersatzfreiheitsstrafe vorgesehen hat. Insofern kann nicht davon gesprochen werden, daß ein zwingendes Bedürfnis nach einer Anwendung von § 57 I StGB auf Ersatzfreiheitsstrafen besteht.

### 2. Die Gleichbehandlung von Freiheits- und Ersatzfreiheitsstrafe

Im folgenden ist nun abschließend die Frage zu erörtern, inwieweit unter dem Gleichbehandlungsgrundsatz eine Anwendung des § 57 I StGB auf Ersatzfreiheitsstrafen geboten ist. Die Befürworter der Möglichkeit einer Strafrestaussetzung bei Ersatzfreiheitsstrafen halten es für einen (eklatanten) Verstoß gegen den Gleichheitssatz, wenn eine Strafrestaussetzung bei Ersatzfreiheitsstrafen nicht möglich ist. Derjenige, der eine Ersatzfreiheitsstrafe zu verbüßen hat, würde gegenüber demjenigen, der von vornherein (wegen schwerer Schuld) zu einer Freiheitsstrafe verurteilt worden ist, wesentlich schlechter gestellt, ohne daß dies sachlich begründet wäre[433].

Ob aber tatsächlich ein Verstoß gegen den Gleichbehandlungsgrundsatz vorliegt, ist zweifelhaft. Ein Verstoß gegen das Gleichbehandlungsgebot liegt nur dann vor, wenn sich für eine differenzierte Behandlung vernünftige, sich aus der Natur der Sache ergebende oder sonstwie sachlich einleuchtende Gründe nicht finden lassen[434]. Es ist demnach zu fragen, ob es Gründe gibt, die eine differenzierende Behandlung von Freiheits- und Ersatzfreiheitsstrafe rechtfertigten.

Eine Gleichbehandlung von Freiheits- und Ersatzfreiheitsstrafe ist aus einer Reihe von Gründen problematisch. Wenn darauf hingewiesen wird, daß die Ersatzfreiheitsstrafe eine „echte" Freiheitsstrafe sei, so daß mithin auch eine Anwendung von § 57 I StGB zu erfolgen habe, ist dies für sich genommen wenig aussagekräftig[435]. Es ist oben erörtert worden, daß zwischen der Ersatzfreiheitsstrafe und der normalen Freiheitsstrafe wesentliche Unterschiede bestehen. Die Situation der Ersatzfreiheitsstrafenverbüßer stellt sich wesentlich anders dar als bei den normalen Freiheitsstrafenverbüßern. Angesichts

---

[433] Vgl. *OLG Zweibrücken* JR 1976, 466, 467; *OLG Düsseldorf* NJW 1977, 308; *OLG Koblenz* MDR 1977, 423, 424; *OLG Zweibrücken OLGSt. § 57, S. 125; Dreher/Tröndle*, § 57 Rn 2 a; *Schönke/Schröder/Stree*, § 57 Rn 4; *Blei*, JA 1972, 309; *Preisendanz*, JR 1976, 466, 468; *Doller*, NJW 1977, 288; *Zipf*, JR 1977, 121, 123; *Weber*, S. 185.

[434] Vgl. nur *BVerfGE*, 1, 14, 52.

[435] So auch *BGHSt* 27, 90, 91.

der bereits geschilderten zahlreichen Möglichkeiten zur Vermeidung der Ersatzfreiheitsstrafe hat es der Geldstrafenschuldner weitgehend selbst in der Hand, ob er es zur Vollstreckung der Ersatzfreiheitsstrafe kommen lassen will. Der Freiheitsstrafenverbüßer hat hingegen, sieht man von einem gnadenweisen Erlaß der Strafe ab, nur über das Institut der Strafrestaussetzung die Möglichkeit, den Freiheitsentzug zu vermeiden. Insofern ist die Situation von Freiheits- und Ersatzfreiheitsstrafenverbüßern nicht vergleichbar.

Horn hat in der 1. Auflage des Systematischen Kommentars[436] die Vergleichbarkeit von Freiheits- und Ersatzfreiheitsstrafe damit begründet, daß er meint, die Situation, in der sich der Verurteilte befindet, dem gegenüber die Aussetzung der Vollstreckung gerade widerrufen wurde, weil er den erteilten Auflagen oder Weisungen nicht nachgekommen ist, könne mit jener verglichen werden, in die der Verurteilte gerät, wenn die Geldstrafe wegen Uneinbringlichkeit in Ersatzfreiheitsstrafe umgewandelt wird: In beiden Fällen soll durch die Drohung mit der (Ersatz-)Vollstreckung einer Freiheitsstrafe ein mittelbarer Zwang zu anderen Leistungen (Auflagen/Weisungen, Geldzahlung) ausgeübt werden. In beiden Fällen hat dieser Druck jedoch nichts bewirkt.

Richtig an der Auffassung von Horn ist zunächst, daß sowohl bei der bedingten Freiheitsstrafe als bei der Ersatzfreiheitsstrafe durch den drohenden Freiheitsentzug Druck auf den Verurteilten ausgeübt werden soll. Der bei Nichtbefolgung des gerichtlichen Erkenntnisses zum Zuge kommende Freiheitsentzug dient auch nicht der Einwirkung auf den Täter, weil von ihm weitere Straftaten drohen. Genausowenig wie es bei der Vollstreckung einer Ersatzfreiheitsstrafe von Bedeutung ist, ob vom Täter neue Straftaten zu erwarten sind, ist dieser Gesichtspunkt bei dem Widerruf einer Strafaussetzung wegen Nichterfüllung von Auflagen von Bedeutung[437].

Nicht ausreichend berücksichtigt wird dabei aber, worauf schon bei der Erörterung der Konzeption der Ersatzfreiheitsstrafe ausführlich eingegangen wurde, daß sie – auch noch nach Beginn ihrer Vollstreckung – dazu dient, die Geldstrafe durchzusetzen. Es ist kein „Spurwechsel" von der Geld- zur Ersatzfreiheitsstrafe eingetreten. Das der Ersatzfreiheitsstrafe faktisch zukommende Zwangselement stellt die Situation bei ihrer Vollstreckung gänzlich anders dar als bei der Vollstreckung einer normalen Freiheitsstrafe. Insofern paßt der Vergleich mit der Situation bei einem Widerruf der Aussetzung einer Freiheitsstrafe nicht.

Das Hauptargument der Befürworter einer Restaussetzung bei Ersatzfreiheitsstrafen besteht darin, daß der Ersatzfreiheitsstrafenverbüßer gegenüber

---

[436] *Horn,* SK (1. Aufl.), § 56 Rn 6.

[437] Vgl. nur *Kratzsch,* JR 1972, 369 ff m.w.Nw.; bis zur Neufassung der jetzt geltenden gesetzlichen Regelung war dies umstritten.

dem normalen Freiheitsstrafenverbüßer wesentlich schlechter gestellt wäre, wenn § 57 I StGB keine Anwendung fände. Zur Bedeutung dieses Gesichtspunktes sei bemerkt, daß sich dieser Gedanke auch in der Entscheidung des BGH zu § 48 StGB aF findet[438]. Dadurch, daß die Ersatzfreiheitsstrafe die regelmäßige Folge der Uneinbringlichkeit der Geldstrafe sei – so der BGH –, sei der Geldstrafenschuldner, der die Geldstrafe auch unverschuldet nicht aufzubringen vermag, schon benachteiligt. Eine Anwendung von § 48 StGB aF würde ihn noch zusätzlich schlechterstellen. Fraglich ist, ob dieser Gesichtspunkt eine Gleichstellung von Freiheits- und Ersatzfreiheitsstrafe zu rechtfertigen vermag. Dabei ist zunächst nicht zu verkennen, daß ein großer Teil der Ersatzfreiheitsstrafenverbüßer wohl tatsächlich nicht in der Lage ist, die Ersatzfreiheitsstrafe durch Zahlung der Geldstrafe abzuwenden. Oftmals sind selbst kleinste finanzielle Reserven nicht vorhanden. Insofern tritt eine Schlechterstellung tatsächlich ein, da diese Personen bei der Möglichkeit einer Strafrestaussetzung mit hoher Wahrscheinlichkeit bedingt entlassen worden wären. Sofern aber davon ausgegangen wird, daß der Geldstrafenschuldner in aller Regel nicht über finanzielle Mittel verfüge, um die Geldstrafe zu bezahlen[439], ist dies, wie oben gezeigt[440], unzutreffend. Ein beträchtlicher Teil der Geldstrafenschuldner verfügt nämlich über ausreichende Mittel, um durch Zahlung der Geldstrafe – auch noch aus der Haft heraus – die Ersatzfreiheitsstrafe abzuwenden. Dies führt in vielen Fällen dazu, daß die Ersatzfreiheitsstrafe vorzeitig abgebrochen wird.

Sofern der Ersatzfreiheitsstrafenverbüßer tatsächlich nicht in der Lage ist, durch (Teil-)Zahlung der Geldstrafe die weitere Vollstreckung der Ersatzfreiheitsstrafe abzuwenden, trifft ihn hier eine Härte, die aber nicht zu vermeiden ist, die auch nicht vermieden werden sollte. Dabei ist festzustellen, daß der Geldstrafenschuldner angesichts der Bestimmungen über die Zumessung der Geldstrafe, die auf die wirtschaftlichen Verhältnisse des Verurteilten Rücksicht nehmen, sowie insbesondere angesichts zahlreicher Möglichkeiten zur Vermeidung der Ersatzfreiheitsstrafe es sich im wesentlichen selbst zuzuschreiben hat, wenn er die Ersatzfreiheitsstrafe voll verbüßen muß. Nach dem gesetzlichen Regelungsmodell muß er an sich in der Lage sein, die Ersatzfreiheitsstrafe abzuwenden. Nimmt er diese Möglichkeiten nicht wahr, so hat er die Konsequenzen, eben die volle Verbüßung der Ersatzfreiheitsstrafe, zu tragen.

Entsprechendes gilt auch für die Argumentation, eine Gleichbehandlung von Freiheits- und Ersatzfreiheitsstrafe sei geboten, weil der Ersatzfreiheitsstrafenverbüßer durch den Freiheitsentzug ein zusätzliches Übel erleide, wel-

---

438 *BGHSt* 27, 90.

439 So *OLG Zweibrücken* JR 1976, 466, 467; *OLG Düsseldorf* NJW 1977, 308; *OLG Koblenz* MDR 1977, 423, 424.

440 Vgl. D I 2.

ches an sich nicht vorgesehen war. Um hier einen Ausgleich zu schaffen, sei eine Anwendung von § 57 I StGB geboten[441]. Richtig an dieser Argumentation ist, daß ein Freiheitsentzug wohl schwerer wiegt als die Zahlung der Geldstrafe bzw. ihre Tilgung durch gemeinnützige Arbeit. Der Ersatzfreiheitsstrafenverbüßer hat es aber selbst in der Hand, inwieweit er es zur Vollstreckung der Ersatzfreiheitsstrafe kommen läßt. Insofern vermag auch der Gedanke, durch die Ermöglichung einer Restaussetzung der Ersatzfreiheitsstrafe einen Ausgleich für das erlittene Übel eines Freiheitsentzuges zu schaffen, eine Restaussetzung von Ersatzfreiheitsstrafen nicht zu rechtfertigen.

Daß der Gesichtspunkt eines Härteausgleiches keine Bedeutung erlangen kann, ergibt sich auch aus folgendem: Der Gesetzgeber hat sich ausdrücklich dagegen entschieden, bei längeren Ersatzfreiheitsstrafen vom Umrechnungsverhältnis des § 43 StGB abzuweichen. So hat er nicht nur ein Umrechnungsverhältnis von zwei Tagessätzen zu einem Tag Haft verworfen, sondern auch die teilweise erhobenen Vorstellungen, im Anschluß an das schwedische Vorbild[442], das Verhältnis von Geld- und Ersatzfreiheitsstrafe von 1 : 1 über 1 : 2 auf ein Verhältnis von 1 : 3 bei längeren Ersatzfreiheitsstrafen abzumildern, nicht übernommen. Wenn man bei längeren Ersatzfreiheitsstrafen einen Strafnachlaß erwägen sollte, würde allein ein solches Stufenverhältnis den Gerechtigkeitsvorstellungen entsprechen. Eine derartige Regelung würde alle Ersatzfreiheitsstrafen gleichermaßen betreffen. Nur eine kleine Gruppe von Ersatzfreiheitsstrafenverbüßern in den Genuß einer Strafrestaussetzung gelangen, im übrigen aber praktisch alle längeren Ersatzfreiheitsstrafen nach Verbüßung von 60 Tagen Haft enden zu lassen, erscheint wenig sachgerecht. Da eine Herabsetzung längerer Ersatzfreiheitsstrafen jedoch nicht Gesetz geworden ist, erscheint es bedenklich, ein solches Ergebnis mittels einer Strafrestaussetzung zu erzielen.

Bedeutsam ist ferner, daß eine Gleichbehandlung von Freiheits- und Ersatzfreiheitsstrafe darüber hinaus in vielen Fällen zu ungerechten Ergebnissen führen würde, die vermieden werden sollten. Sowohl der Geldstrafenschuldner, der die Geldstrafe unter erheblicher Einschränkung seines Lebensstandards ordnungsgemäß bezahlt als auch derjenige, der die Geldstrafe durch Ableistung gemeinnütziger Arbeit tilgt, erfährt keinen Teilerlaß der Strafe, während derjenige, der gar nichts leistet, in den Genuß eines Teilerlasses kommen soll. Dieses Ergebnis kann nicht richtig sein[443]. Es ist auch unerheblich, daß der Geldstrafenschuldner immerhin zwei Drittel der Ersatzfreiheitsstrafe verbüßt hat. Die Verbüßung der Ersatzfreiheitsstrafe trifft den Verur-

---

441 So *Zipf,* JR 1977, 121, 122; *Weber,* S. 184 f; *Maurach/Gössel/Zipf,* S. 521.

442 Vgl. zu der schwedischen Regelung *Ermgassen* in *Jescheck/Grebing,* S. 936 f sowie *Cornils* in *Jescheck* (1983), S. 805 f.

443 So auch *OLG Hamm* MDR 1977, 422, 423; *OLG Stuttgart* MDR 1978, 331, 332; *OLG Karlsruhe* Die Justiz 1978, 146, 147; *Horn,* SK, § 57 Rn 3; *Hinze,* Rpfleger 1976, 422, 423.

teilten nicht derartig hart, daß eine (regelmäßig erfolgende) Aussetzung des Strafrestes geboten wäre. Die Geldstrafenschuldner, die sich redlich bemühen, unter großer Einschränkung ihres Lebensstandards, die Geldstrafe aufzubringen, werden ebenfalls in erheblicher Weise von der Strafe getroffen.

Bedenklich ist auch, daß nur ein kleiner Teil der Ersatzfreiheitsstrafenverbüßer, angesichts der gesetzlich vorgegebenen Mindestverbüßungszeit von zwei Monaten, in den Genuß einer Strafrestaussetzung gelangen kann. Derjenige, der sich anfangs noch bemüht hat, entweder durch Zahlung der Geldstrafe bzw. durch Ableistung gemeinnütziger Arbeit die Geldstrafe zu tilgen, fällt oftmals angesichts der Kürze der Ersatzfreiheitsstrafe aus dem Anwendungsbereich von § 57 I StGB. Der umsichtige, weit vorausschauende Täter, der mit einer Restaussetzung der Ersatzfreiheitsstrafe rechnet, wird „belohnt". Die Möglichkeit einer Restaussetzung könnte dazu führen, daß Geldstrafenschuldner die Zahlung der Geldstrafe unterlassen, was aber nicht Sinn der Verurteilung zu einer Geldstrafe sein kann. Das Wesen der Ersatzfreiheitsstrafe als Zwangsmittel wäre erheblich beeinträchtigt[444]. Versuche, die Geldstrafe beizutreiben, werden in aller Regel fruchtlos verlaufen[445].

Aus alledem folgt, daß es eine ganze Reihe von Gründen gibt, Freiheits- und Ersatzfreiheitsstrafen hinsichtlich einer Strafrestaussetzung nicht gleich zu behandeln. Der Gleichbehandlungsgesichtspunkt ist damit nicht in der Lage, eine Anwendung von § 57 I StGB zu begründen. Da aber andere, die Auffassung der Befürworter einer Restaussetzung tragenden Argumente nicht vorhanden sind – die Begründung, die Ersatzfreiheitsstrafe sei eine „echte" Freiheitsstrafe, ist wenig aussagekräftig –, kommt eine Aussetzung des Strafrestes angesichts zahlreicher Gründe, die gegen eine solche Möglichkeit sprechen, nicht in Betracht.

---

444 In diesem Sinne auch *OLG Karlsruhe* Die Justiz 1978, 146, 147.

445 Vgl. zu diesem Problem oben D III 1 b).

## Zusammenfassung

Zusammenfassend läßt sich damit feststellen, daß eine Aussetzung des Restes einer Ersatzfreiheitsstrafe auf der Grundlage des geltenden Rechtes nicht möglich ist.

Wie oben gezeigt (vgl. A I), spricht zunächst der Wortlaut von § 57 I StGB gegen eine solche Möglichkeit. Nach dem allgemeinen Sprachgebrauch wird zwischen der Freiheits- und der Ersatzfreiheitsstrafe unterschieden. Insofern ist es nicht zwingend, die Freiheits- und die Ersatzfreiheitsstrafe gleich zu behandeln. Dafür, daß eine Restaussetzung von Ersatzfreiheitsstrafen nicht möglich ist, sprechen systematische Erwägungen (vgl. B), insbesondere der Aufbau der §§ 449 ff StPO, die eine Unterscheidung zwischen der Vollstreckung von Freiheitsstrafen (§§ 453 – 458 StPO) – wobei § 454 StPO die Aussetzung des Strafrestes betrifft –, der Vollstreckung von Geldstrafen (§§ 459 – 459 d StPO) und schließlich der Vollstreckung von Ersatzfreiheitsstrafen (§§ 459 e und 459 f StPO) treffen. In den §§ 459 ff StPO finden sich Sonderregelungen für die Geld- und Ersatzfreiheitsstrafenvollstreckung, die eine Anwendung der allgemeinen Vorschrift des § 57 I StGB ausschließen.

Entscheidend muß aber sein, daß eine Restaussetzung bei einer Ersatzfreiheitsstrafe mit dem Sinn und Zweck der Ersatzfreiheitsstrafe nicht zu vereinbaren ist. Zwar handelt es sich bei der Ersatzfreiheitsstrafe um eine „echte" Strafe (vgl. D I 1). Es hat aber kein Spurwechsel von der Geld- zur Ersatzfreiheitsstrafe stattgefunden. Es steht weiterhin die Geldstrafe im Vordergrund, die es durchzusetzen gilt. Dabei kommt der Ersatzfreiheitsstrafe ein erhebliches Zwangselement zu. Ihre Funktion ist es, durch den Druck des drohenden Freiheitsentzuges die Geldstrafe durchzusetzen. Die Möglichkeit einer Restaussetzung der Ersatzfreiheitsstrafe hätte zur Folge, daß Ersatzfreiheitsstrafenverbüßer sich davon abhalten ließen, ihre Geldstrafe voll zu bezahlen, weil eine Restaussetzung angesichts einer regelmäßig zu erstellenden günstigen Prognose in aller Regel erfolgen wird (vgl. D II 3). Ein solches Ergebnis ist aber insbesondere im Hinblick darauf, daß überhaupt nur ein kleiner Teil der Ersatzfreiheitsstrafenverbüßer – angesichts der Mindestverbüßungszeit von zwei Monaten – in den Genuß einer Strafrestaussetzung gelangen kann, problematisch (vgl. D II 1, III 2 a.E.). Unbillig ist dies insofern, als gerade derjenige, der gar nichts leistet, die Rechtswohltat des § 57 I StGB erfährt, während derjenige, der sich redlich bemüht, die Geldstrafe zu bezahlen bzw. gemeinnützige Arbeit zu leisten, von einer Anwendung des § 57 I StGB ausgeschlossen wird. Eine Restaussetzung der Ersatzfreiheitsstrafe würde dazu führen, daß derjenige, der sich dem Urteilsspruch entsprechend verhält und die Geldstrafe zahlt, aus dem Anwendungsbereich von § 57 I StGB fällt. Ein solches Ergebnis kann nicht richtig sein. Von daher ist die einzig sachgerechte Möglichkeit die, den Zwangscharakters der Ersatzfreiheitsstrafe zu betonen und die Möglichkeit einer Restaussetzung auszuschließen. Nur so lassen sich ungerechte Ergebnisse vermeiden.

Eine Restaussetzung der Ersatzfreiheitsstrafe brächte auch eine Reihe von Problemen mit sich, deren Lösung auf der Grundlage des geltenden Rechtes nicht möglich ist. So ergeben sich Schwierigkeiten bei der Bestimmung des Zweidrittel-Zeitpunktes, insbesondere bei der Frage, wie Teilzahlungen auf die Geldstrafe anzurechnen sind (vgl. D II 1). Die von den Befürwortern einer Strafrestaussetzung vorgeschlagene Lösung, nur die zu einem gegebenen Zeitpunkt tatsächlich noch zu verbüßende Strafe als Grundlage für die Berechnung des Zweidrittel-Zeitpunktes zu wählen, ist mit dem Wortlaut von § 57 I StGB kaum zu vereinbaren, führt vor allem aber zu ungerechten Ergebnissen, weil der sich um die Zahlung der Geldstrafe bemühte Verurteilte aus dem Anwendungsbereich von § 57 I StGB fällt. Ungerechtigkeiten entstehen auch, wenn mehrere Ersatzfreiheitsstrafen zu verbüßen sind (vgl. D II 2). Eine Zusammenrechnung der Strafen ist nach Einführung des § 454 b StPO nicht mehr zulässig. Hält man eine Restaussetzung der Ersatzfreiheitsstrafe für möglich, muß auch § 454 b StPO auf die Ersatzfreiheitsstrafe angewandt werden. Während bei praktisch allen Freiheitsstrafen demnach eine Restaussetzung in Betracht kommt, fallen nur wenige Ersatzfreiheitsstrafen in den Anwendungsbereich des § 57 I StGB. Dies zeigt, daß das Rechtsinstitut der Strafrestaussetzung auf die Ersatzfreiheitsstrafenvollstreckung nicht paßt. Das wird auch bei der nach § 57 I StGB zu erstellenden Sozialprognose deutlich: Den Ersatzfreiheitsstrafenverbüßern ist in aller Regel eine günstige Prognose zu erstellen (vgl. D II 3). Dies hat zur Folge, daß sich praktisch alle längeren Ersatzfreiheitsstrafen verkürzen, während Ersatzfreiheitsstrafenverbüßer mit einer geringeren Strafe ihre Strafe voll verbüßen müssen.

Sachliche Gründe für ein solches Ergebnis gibt es nicht. Die mit einer Restaussetzung verbundenen Bewährungsmaßnahmen vermögen keinen Ausgleich für die Nichtzahlung der Geldstrafe abzugeben (vgl. D II 4). Insbesondere der Gesichtspunkt einer Wiedereingliederung des Täters vermag eine Restaussetzung nicht zu rechtfertigen. Die Systemwidrigkeit einer Restaussetzung zeigt sich auch am Schicksal der Geldstrafe während und nach Ablauf der Bewährungszeit (vgl. D II 6). Hier treten Probleme auf, die auf der Grundlage des geltenden Rechtes kaum zu lösen sind.

Schließlich besteht auch kein zwingendes Bedürfnis für eine Anwendung von § 57 I StGB (vgl. D III 1). In vielen Fällen wird die Geldstrafe noch aus der Haft heraus gezahlt und verkürzt somit die Ersatzfreiheitsstrafe. Angesichts zahlreicher Möglichkeiten zur Vermeidung des Freiheitsentzuges muß man feststellen, daß es der Geldstrafenschuldner weitgehend selbst in der Hand hat, inwieweit er es zur Vollstreckung der Ersatzfreiheitsstrafe kommen läßt. Nimmt er die Angebote zur Vermeidung des Freiheitsentzuges nicht an, hat er die Folgen zu tragen. In Härtefällen vermag § 459 f StPO einen sachgerechten Ausgleich zu bewirken.

Eine Gleichbehandlung von Freiheits- und Ersatzfreiheitsstrafe ist damit wegen der Wesensverschiedenheit der Strafen nicht angebracht. Eine Anwendung von § 57 I StGB würde sogar zu ungerechten Ergebnissen führen (vgl. D III 2). Da mithin ein zwingendes Bedürfnis nach einer Strafrestaussetzung von Ersatzfreiheitsstrafen nicht besteht, sollte auf die systemwidrige Anwendung von § 57 I StGB verzichtet werden.

# Ausblick

In der Vergangenheit hat es Überlegungen gegeben, ob der Gesetzgeber nicht durch eine entsprechende Regelung die Möglichkeit einer Strafrestaussetzung für Ersatzfreiheitsstrafen schaffen sollte[446]. Aus dem bisher Gesagten ergibt sich, daß eine solche Regelung problematisch wäre.

Da Ersatzfreiheitsstrafen in aller Regel nicht länger als 90 Tage dauern, erscheint es auch hinnehmbar, daß eine Strafrestaussetzung der Ersatzfreiheitsstrafe nicht in Betracht kommt. Der auszusetzende Rest der wenigen Ersatzfreiheitsstrafen, die überhaupt in den Anwendungsbereich von § 57 I StGB fallen, ist nicht allzu bedeutsam. Die entsprechende Sanktionspraxis der Gerichte, im unteren Bereich der Kriminalität auf die Geldstrafe zurückzugreifen, ist nur zu begrüßen. Der wiederholt erhobenen Forderung[447], die Gerichte sollten vermehrt Geldstrafen über 90 Tagessätze aussprechen, um so die Verhängung einer Freiheitsstrafe zu vermeiden, kann nur bedingt gefolgt werden. Mag eine solche Forderung auch für gewisse Tätertypen berechtigt sein – hier wäre etwa an Wirtschaftsstraftäter zu denken –, so überwiegen doch die Bedenken gegen eine generelle Ausweitung der Geldstrafe. Bei Geldstrafen mit hohen Tagessatzzahlen besteht die Gefahr, daß sie – etwa infolge Arbeitslosigkeit, Krankheit oder Unfall des Verurteilten – uneinbringlich werden. Durch die Einführung des Nettoeinkommensprinzips führt die Geldstrafe mit hohen Tagessatzzahlen zu einer außerordentlichen Belastung nicht nur des Verurteilten sondern auch Dritter, namentlich der Familie des Betroffenen. Gerade letzteres ist ein sehr bedenklicher Effekt. Es könnte daran gedacht werden, zum Ausgleich für die auftretenden Schwierigkeiten die Höhe der Tagessätze zu senken. Dies ist möglich, weil § 40 II 2 StGB bestimmt, daß nur „in der Regel" bei der Verhängung der Geldstrafe vom Nettoeinkommensprinzip auszugehen ist. Eine Reduzierung der Tagessatzhöhe hätte aber zur Folge, daß dann, wenn die Geldstrafe dennoch nicht gezahlt werden kann, eine lange Ersatzfreiheitsstrafe zu verbüßen ist. Dies ist problematisch.

Der richtige Weg zur Lösung des Problems kann allein darin bestehen, unter Beibehaltung der Tagessatzhöhe die Anzahl der Tagessätze zu verringern, um so überlangen Ersatzfreiheitsstrafen vorzubeugen. Ein solches Verfahren muß als zulässig angesehen werden. Nach § 46 I StGB ist die Schuld

---

[446] Vgl. *Wetterich/Hamann,* Rn 331.

[447] Vgl. nur *Roxin,* JA 1980, 545, 549; *Jescheck,* FS für Würtenberger, S. 275 f; *ders.* (1983), S. 2157; skeptisch *Fleischer,* S. 252 f; *Grebing* in *Jescheck/Grebing,* S. 41.

des Täters nur die *Grundlage der Strafzumessung,* eine Abweichung nach oben wie nach unten ist aus Gründen der Einwirkung auf den Täter zulässig. Die Strafe muß nur einen *gerechten Schuldausgleich* bewirken[448]. Insbesondere von der Rechtsprechung wird die Auffassung vertreten, daß der Richter innerhalb des gesetzlichen Strafrahmens einen Spielraum habe, in welchem er alle Strafgrößen nach seinem Ermessen wählen dürfe[449]. Der Beurteilungsspielraum wird nach unten durch die schon angemessene und nach oben durch die noch angemessene Strafe begrenzt. Umstritten ist, ob zur Vermeidung einer drohenden Entsozialisierung des Täters – etwa durch einen überlangen Freiheitsentzug – eine Unterschreitung der dem Schuldmaß entsprechenden Strafhöhe zulässig ist[450]. Ungeachtet dieses Meinungsstreites sollte in jedem Falle bei Personen, von denen erwartet werden kann, daß sie die Geldstrafe nicht aufzubringen vermögen, auf die Verhängung von Geldstrafen mit hohen Tagessatzzahlen verzichtet werden. Die Strafe sollte sich im unteren Bereich des noch möglichen Strafrahmens bewegen. Nicht die Strafrestaussetzung sollte längere Ersatzfreiheitsstrafen reduzieren, sondern dies sollte bereits bei der Strafzumessung geschehen. Ist die Uneinbringlichkeit der Geldstrafe zu erwarten, könnte der Richter auch überlegen, ob nicht anstelle der Geldstrafe eine bedingte Freiheitsstrafe angebracht sei[451]. Auf diese Weise würde nicht nur der Automatismus eines Freiheitsentzuges bei Uneinbringlichkeit der Geldstrafe vermieden, es könnten möglicherweise auch der Wiedereingliederung des Täters dienende Bewährungsmaßnahmen angeordnet werden. Es ist oben[452] dargelegt worden, daß derartige Maßnahmen bei einer Reihe von Geldstrafenschuldnern angezeigt wären. Wenn derartige Hilfen sinnvoll erscheinen, käme auch die Verhängung einer Freiheitsstrafe in Betracht. Die Freiheitsstrafe wäre dann als „unerläßlich" im Sinne von § 47 I StGB anzusehen[453].

Verbleibt die Geldstrafe damit in aller Regel im Bereich bis zu 90 Tagessätzen, so ist das Bedürfnis nach einer Anwendung von § 57 I StGB auf Ersatzfreiheitsstrafen als gering einzuschätzen. Anders stellte sich die Situation allerdings dar, wenn in Zukunft in einem größeren Umfange lange Ersatzfreiheitsstrafen zur Vollstreckung gelangten. Aber auch dann wäre eine Restaussetzung der Ersatzfreiheitsstrafe nicht geboten, weil andere Möglichkeiten zur Verfügung stehen, die in sachgerechterer Weise die Ersatzfreiheitsstrafe verkürzen könnten.

---

448 Zur Theorie vom sozialen Gestaltungsakt vgl. *Dreher/Tröndle,* § 46 Rn 12 m.w.Nw.

449 Zur „Spielraumtheorie" vgl. *BGHSt* 7, 89; 20, 266; *Horn,* SK, § 46 Rn 8.

450 Dafür etwa *Schönke/Schröder/Stree,* vor § 38, Rn 18 a; ablehnend etwa *Horn,* SK, § 46 Rn 22.

451 Zur Zulässigkeit solcher Überlegungen vgl. *Horn,* SK, § 47 Rn10 ff; ausführlich oben D II 3 b).

452 Vgl. D II 4 c).

453 Vgl. ausführlich oben D II 3 b).

Eine Möglichkeit zur Vermeidung längerer Ersatzfreiheitsstrafen wäre die Veränderung des Umrechnungsverhältnisses des § 43 StGB auf einen Tag Haft zu zwei Tagessätzen der Geldstrafe[454]. Ist aus Praktikabilitätserwägungen das Umrechnungsverhältnis von 1 : 1 sicher zu begrüßen[455], so könnte es sich in Zukunft doch als sinnvoll erweisen, nämlich dann, wenn vermehrt längere Ersatzfreiheitsstrafen zur Vollstreckung gelangten, ähnlich wie in anderen Ländern auch das Verhältnis von der Geld- zur Ersatzfreiheitsstrafe abzumildern[456]. Hierdurch böte sich eine Möglichkeit, das Problem der Ersatzfreiheitsstrafenvollstreckung zu entschärfen. Solange die Gerichte aber ganz überwiegend Geldstrafen unter 90 Tagessätzen aussprechen, ist eine Änderung des § 43 StGB nicht geboten.

Ziel sollte es aber sein, unter Beachtung der Effizienz der Geldstrafe nach Möglichkeit auf Ersatzfreiheitsstrafen überhaupt zu verzichten. Das schwedische Modell zeigt, daß sich Ersatzfreiheitsstrafen weitgehend vermeiden lassen: Wurden in Schweden 1931 bei einer der deutschen Rechtslage vergleichbaren Regelung noch 13000 Ersatzfreiheitsstrafen vollstreckt, so hatten 1979 nur noch 33 Personen (bei 131666 Geldstrafen) die Ersatzfreiheitsstrafe zu verbüßen[457]. 1983 waren es nur zwei Personen[458]. Die Gründe für eine derart weitgehende Zurückdrängung der Ersatzfreiheitsstrafe liegen in folgendem: Nach schwedischem Recht kann die gesamte Strafe in 12 bzw. 24 Monatsraten aufgeteilt und ratenweise bezahlt werden. Es ist auch möglich, Zahlungsaufschub bis zu acht Monaten zu gewähren. Was die Ersatzfreiheitsstrafe selbst anbelangt, so wird eine schuldhaft nicht bezahlte Geldstrafe in Gefängnisstrafe von mindestens sechs und höchstens 90 Tagen umgewandelt. Die Umwandlungsstrafe kann bis auf sechs Tage herabgesetzt werden, wenn der Verurteilte alles in seiner Macht Stehende getan hat, um seine Geldstrafe zu bezahlen. In Ausnahmefällen, wenn persönliche oder andere besondere Gründe dafür sprechen, kann auch die ganze Strafe erlassen werden. Angesichts der nur sehr geringen Vollstreckungszahlen ist davon auszugehen, daß von der Möglichkeit, von der Vollstreckung der Ersatzfreiheitsstrafe abzusehen, in großem Umfange Gebrauch gemacht wird. Das schwedische Modell ist damit durch eine erhebliche Strafnachsicht gekennzeichnet. Zum Vergleich: In Deutschland wurden 1931 59076 Ersatzfreiheitsstrafen vollstreckt[459], 1983 waren es immerhin noch 33715[460].

---

454 Vgl. hierzu BT-Prot. 5/S. 2174 ff, 2190.

455 Vgl. *Horn,* JR 1977, 95, 100.

456 Vgl. hierzu den Ländervergleich bei *Grebing* in *Jescheck/Grebing,* S. 1330 ff; zum schwedischen Stufensystem vgl. *Ermgassen* in *Jescheck/Grebing,* S. 936 f sowie *Cornils* in *Jescheck* (1983), S. 805 f.

457 Vgl. *Thornstedt,* ZStW 86, 595, 602, 606; *Cornils* in *Jescheck* (1983). S. 806.

458 Vgl. *Schädler,* ZRP 1985, 186, 192.

459 Vgl. die Zahlenangaben bei *Rusche/Kirchheimer,* S. 240.

460 Vgl. oben Fn 1.

Es ist zu überlegen, ob nicht auch hier weitere gesetzgeberische Schritte vonnöten sind, um die Ersatzfreiheitsstrafe wirklich entscheidend zurückzudrängen. Es ist nicht zu erwarten, daß die seit einigen Jahren laufenden Projekte „Gemeinnützige Arbeit statt Haft" helfen, die Ersatzfreiheitsstrafe in einem erheblichen Umfange zu vermeiden. Im Jahre 1985 mußten immerhin noch 30765 Ersatzfreiheitsstrafen vollstreckt werden. Der Rückgang an zu vollstreckenden Ersatzfreiheitsstrafen nach Einführung der Projekte ist also nicht erheblich.

Eine erste Möglichkeit zur Verkürzung sowie zur Vermeidung der Ersatzfreiheitsstrafe überhaupt liegt in der Herabsetzung bzw. der Anpassung der Geldstrafe an veränderte wirtschaftliche Gegebenheiten des Verurteilten. Ist der Verurteilte etwa von einer plötzlich eingetretenen Arbeitslosigkeit betroffen, so kann die ordnungsgemäße Zahlung der Geldstrafe – ohne sein Verschulden – unmöglich werden. Es ist oben[461] erörtert worden, daß § 459 f StPO in diesen Fällen nicht die Möglichkeit bietet, von der Vollstreckung der Ersatzfreiheitsstrafe abzusehen. Entsprechend wäre zu erwägen, ob nicht – wie in verschiedenen anderen europäischen Ländern auch[462] – eine Herabsetzung der Geldstrafe in Betracht kommen sollte. Die nachträgliche Änderung der vom Gericht festgesetzten Geldstrafe ist jüngst vom Gesetzgeber diskutiert, im Ergebnis aber verworfen worden[463]. Es wurde darauf hingewiesen, daß der Verurteilte an sich verpflichtet sei, sofort nach dem Urteil die Geldstrafe zu entrichten, so daß das Problem einer nachträglichen Veränderung von Umständen häufig gar nicht auftreten dürfte. Es wurde ferner als problematisch angesehen, nur die Verschlechterung, nicht aber die Verbesserung der wirtschaftlichen Situation des Verurteilten zu berücksichtigen. Vor allem aber meinte man, die Möglichkeiten, Zahlungserleichterungen zu gewähren sowie in Härtefällen nach § 459 f StPO von der Vollstreckung abzusehen, seien ausreichend.

Im Hinblick darauf, daß weder die Gewährung von Zahlungserleichterungen noch die Vorschrift des § 459 f StPO Ersatzfreiheitsstrafen entscheidend zurückzudrängen vermögen, muß bedauert werden, daß eine Anpassung der Geldstrafe an veränderte wirtschaftliche Bedingungen bei dem Verurteilten nicht möglich ist. Im Gesetzgebungsverfahren ist auch – ohne das bislang eine Entscheidung getroffen wurde – erörtert worden, ob nicht § 459 f StPO dergestalt erweitert werden sollte, daß dann, wenn sich der Verurteilte zu einer angemessenen Schadenswiedergutmachung bereit erklärt und aus diesem Grunde nicht in der Lage ist, die Geldstrafe ordnungsgemäß zu zahlen, ein Absehen von der Vollstreckung der Ersatzfreiheitsstrafe in Betracht kommen sollte[464]. Auch eine Änderung des § 459 f StPO ist bislang mit der Begründung

---

[461] Vgl. D III 1 e aa).

[462] Vgl. etwa § 19 IV des österreichischen Gesetzbuches.

[463] Vgl. BT-Drucks. 10/5828, S. 4.

abgelehnt worden, die bestehenden Möglichkeiten zur Zahlung der Geldstrafe seien ausreichend[465]. Die tägliche Praxis zeigt, daß die vorhandenen Möglichkeiten gerade nicht ausreichend sind, um die Ersatzfreiheitsstrafe wirklich entscheidend zurückzudrängen.

Hintergrund für die zurückhaltende Herangehensweise des Gesetzgebers an die Problematik der Ersatzfreiheitsstrafenvollstreckung dürfte die Befürchtung sein, daß viele Geldstrafenschuldner nicht mehr dazu bewegt werden können, die Geldstrafe zu zahlen bzw. gemeinnützige Arbeit zu leisten, wenn die Ersatzfreiheitsstrafe nicht konsequent vollstreckt werde. Diese Befürchtungen sind sicherlich nicht von der Hand zu weisen. Zu fragen ist aber, ob nicht doch ein vermehrter Verzicht auf die Vollstreckung der Ersatzfreiheitsstrafe vertretbar wäre.

Im Gesetzgebungsverfahren wird zur Zeit, wie gesagt, geprüft, ob das Absehen von der Vollstreckung der Ersatzfreiheitsstrafe nicht davon abhängig gemacht werden soll, daß sich der Verurteilte zu einer Schadenswiedergutmachung bereit erklärt. Der derzeit aktuelle Gedanke eines Täter-Opfer-Ausgleiches soll Eingang in die Vorschrift des § 459 f StPO finden. Zu fragen ist aber, ob nicht § 459 f StPO durch die Möglichkeit einer Aussetzung der Ersatzfreiheitsstrafe ersetzt werden sollte. Überlegungen in dieser Richtung hat es auch schon im Gesetzgebungsverfahren gegeben[466]. Eine Aussetzung der Ersatzfreiheitsstrafe brächte erhebliche Vorteile mit sich.

Es muß davon ausgegangen werden, daß Ersatzfreiheitsstrafen zur Vollstreckung gelangen, ohne daß dies an sich gerechtfertigt ist. Die Vollstreckung der Ersatzfreiheitsstrafe wird nämlich in der Regel schematisch angeordnet. Vergünstigungen hängen weitestgehend von der Initiative des Verurteilten ab. Wird die Gewährung von Zahlungserleichterungen noch relativ häufig vom Verurteilten beantragt – hierbei handelt es sich um eine allgemein bekannte Möglichkeit –, so werden Anträge nach § 459 f StPO von dem Verurteilten praktisch gar nicht gestellt, weil diese Möglichkeit schlechterdings nicht bekannt ist. Die Vollstreckungsbehörde wird von sich aus in der Regel nicht tätig. In seiner Untersuchung bescheinigte Albrecht der Vollstreckungsbehörde ein ausgesprochen reaktives Handlungsmuster[467].

Dabei sind auch die von Schädler gemachten Erfahrungen zu berücksichtigen. Schädler[468] berichtet, daß viele Geldstrafenschuldner von den Projekten „Gemeinnützige Arbeit statt Haft“ nicht erreicht werden können, weil sie ohne festen Wohnsitz sind bzw. häufig ihren Wohnsitz wechseln. Es muß als

---

[464] Vgl. BT-Drucks. 10/3636; 10/5828, S. 5.

[465] Vgl. BT-Drucks. 10/4391, S. 19.

[466] Vgl. etwa den Gesetzesentwurf in BT-Prot. 5/S. 2191.

[467] *Albrecht* (1980), S. 280.

[468] *Schädler*, ZRP 1985, 186, 191 f; vgl. auch *Albrecht*, BewHi 1985, 121, 125.

problematisch angesehen werden, daß gerade die Personen, die aus dem sozialen Netz herausfallen, die Ersatzfreiheitsstrafe zu verbüßen haben, ohne daß dies – etwa wegen neuer Straftaten – gerechtfertigt wäre. Allein der Umstand, daß diese Personen die freie Arbeit nicht ableisten, weil sie von ihr nicht erreicht werden, rechtfertigt noch nicht die Vollstreckung der Ersatzfreiheitsstrafe.

Die entscheidende Frage ist aber wohl, ob und wie weit der Staat auf die Vollstreckung von Strafen verzichten kann, und ob nicht auch bei den Geldstrafenschuldnern, die ihre Geldstrafe nicht ordnungsgemäß zahlen, eine gewisse Nachsicht vertretbar wäre. Es ist wenig verständlich, daß bei der Verhängung einer Freiheitsstrafe ihre Vollstreckung in weitem Umfang zur Bewährung ausgesetzt werden kann, die Ersatzfreiheitsstrafe aber, der in aller Regel Straftaten mit geringem Unrechtsgehalt zugrundeliegen, konsequent vollstreckt wird. Eine gewisse Strafnachsicht sollte sich auch bei der Ersatzfreiheitsstrafe vertreten lassen. Zwar wird es Auswirkungen auf die Zahlungsmoral der Geldstrafenschuldner geben. Diese erscheinen letztlich aber hinnehmbar. Diese Feststellung bedeutet keinen Widerspruch zu dem obigen Ergebnis, daß eine Restaussetzung auch deshalb abzulehnen ist, weil Geldstrafenschuldner abgehalten würden, die Geldstrafe zu zahlen. Bei diesem Argument handelt es sich lediglich um eines aus einer ganzen Kette von Argumenten, die gegen die Möglichkeit einer Restaussetzung der Ersatzfreiheitsstrafe sprechen. Bietet sich die Möglichkeit, auf die Ersatzfreiheitsstrafenvollstreckung insgesamt zu verzichten, sind Einbußen bei der Durchsetzung der Geldstrafe hinnehmbar.

Die Einzelregelungen könnten dabei den schon im Gesetzgebungsverfahren erörterten Vorstellungen entsprechen[469]. Sie sind denen der Vorschriften über die Strafaussetzung zur Bewährung stark angeglichen. Eine Strafaussetzung käme in Betracht, wenn der Verurteilte ohne sein Verschulden nicht in der Lage ist, die Geldstrafe ordnungsgemäß zu zahlen. Die Voraussetzung für eine Strafaussetzung ist damit weiter als bei § 459 f StPO. Dies ist auch notwendig, weil die Erfahrung zeigt, daß die Gerichte Anordnungen nach § 459 f StPO nur sehr zurückhaltend treffen. Durch die Formulierung „ohne sein Verschulden“ muß es auch nicht immer zu einer Strafaussetzung kommen. Insofern treten Bedenken dahingehend, daß die Geldstrafenvollstreckung Einbußen erleiden könnte, zurück. Es können alle die Umstände gewürdigt werden, die dazu geführt haben, daß die Geldstrafe nicht gezahlt wurde. Besteht der Eindruck, daß der Geldstrafenschuldner bei gutem Willen die Geldstrafe hätte zahlen können, ist für eine Aussetzung der Ersatzfreiheitsstrafe kein Platz.

---

[469] Vgl. BT-Prot. 5/S. 2191.

Es ist ferner eine Bewährungszeit vorzusehen, in der der Verurteilte zeigen kann, daß er in Zukunft ein straffreies Leben führen wird. Daneben können auch Auflagen angeordnet werden, wobei insbesondere die Auflage, sich um eine Schadenswiedergutmachung zu bemühen, Bedeutung erlangen kann. Kommt der Verurteilte den Anordnungen nicht nach, kann immer noch ein Widerruf der Strafaussetzung erfolgen.

Wesentlich ist ferner, daß ein Gericht über die Strafaussetzung befindet[470]. Durch die gerichtliche Entscheidung ist zu erwarten, daß die Bereitschaft erhöht wird, auf die Vollstreckung der Ersatzfreiheitsstrafe zu verzichten[471]. Dem möglichen Einwand, die Entscheidung des Gerichtes erfolge auf einer unsicheren Grundlage, weil die Lebensumstände des Verurteilten nicht sicher zu ermitteln seien, ist entgegenzuhalten, daß sich das Gericht durch eine Anhörung des Verurteilten ein Bild von seiner Person und seinen Lebensverhältnisse schaffen könnte. Um die Angaben des Verurteilten zu überprüfen, böte sich auch die Einschaltung der Gerichtshilfe an. Vielfach werden die Lebensverhältnisse des Verurteilten den Gerichtshelfern, die im Rahmen der Arbeitsprojekte tätig sind, bekannt sein, so daß der Richter eine Entscheidungshilfe erhält. Die sich hier ergebenden Probleme müssen als lösbar angesehen werden. Auch die den Gerichten aufgebürdete Mehrbelastung muß zur Erreichung des Zieles, Ersatzfreiheitsstrafen soweit wie möglich zu vermeiden, hingenommen werden.

Die Möglichkeit der Strafaussetzung bei Ersatzfreiheitsstrafen hätte aber nicht notwendigerweise die Möglichkeit einer Strafrestaussetzung von Ersatzfreiheitsstrafen zur Folge. Ersatzfreiheitsstrafen sollten aus den oben genannten Gründen so kurz bemessen sein, daß sich ohnehin das Problem einer Aussetzung des Strafrestes gar nicht stellt. Insofern würde die Aussetzungsmöglichkeit eine Strafrestaussetzung von Ersatzfreiheitsstrafen auch nicht nachsichziehen.

Es ist davon auszugehen, daß bei einer angemessenen Anwendung aller sich bietender Möglichkeiten die Ersatzfreiheitsstrafe in weitem Umfange zurückgedrängt werden kann. Es bleibt zu hoffen, daß sich auf diese Weise in nicht allzu ferner Zukunft das Problem der Strafrestaussetzung bei Ersatzfreiheitsstrafen von selbst erledigen wird.

---

[470] Zu entsprechenden Überlegungen im Gesetzgebungsverfahren vgl. BT-Drucks. 7/550, S. 311, BT-Prot. 5/S. 2191 und 7/S. 664.

[471] Vgl. hierzu *Grebing* in *Jescheck/Grebing,* S. 1356.

# Literaturverzeichnis


*Adams,* Fritz: Die geschichtliche Entwicklung der subsidiären Freiheitsstrafe, in: Strafrechtliche Abhandlungen, Bd. 162 (1912)

*Albrecht,* Hans-Jörg: Strafzumessung und Vollstreckung bei Geldstrafen, Berlin 1980

— Alternativen zur Freiheitsstrafe: Das Beispiel der Geldstrafe, in: MschrKrim 1981, S. 265

— Legalbewährung bei zu Geldstrafe und Freiheitsstrafe Verurteilten, Freiburg 1982

— Ansätze und Perspektiven für die gemeinnützige Arbeit in der Strafrechtspflege, in: BewHi 1985, 121

*Albrecht,* Hans-Jörg / *Dünkel,* Frieder / *Spieß,* Gerhard: Empirische Sanktionsforschung und die Begründbarkeit von Kriminalpolitik, in: Mschrkrim 1981, 310

Alternativentwurf eines Strafgesetzbuches, Allgemeiner Teil, 2. Auflage, Tübingen 1969

Alternativkommentare (Reihe): Kommentar zum Strafvollzugsgesetz, 2. Auflage, Neuwied, Darmstadt 1982

*Aufsattler,* Werner / *Oswald,* Margit / *Geisler,* Werner / *Graßhoff,* Uta: Eine Analyse richterlicher Entscheidungen über die Strafrestaussetzung nach § 57 I StGB, in: MschrKrim 1982, 305

*Baumann,* Jürgen: Beschränkung des Lebensstandards anstatt kurzfristiger Freiheitsstrafen, Neuwied, Berlin 1968

— Der Ersatz kurzfristiger Freiheitsstrafen, in: Kriminalpolitische Erwägungen zu einem neuen Strafrecht, Loccumer Protokolle 4/1968, S. 55

— Die Chance des Art. 293 EGStGB – Freie gemeinnützige Arbeit statt Ersatzfreiheitsstrafe, in: MschrKrim 1979, 290

*Baumann,* Jürgen / *Weber,* Ulrich: Strafrecht – Allgemeiner Teil 9. Auflage, Bielefeld 1985

*Best,* Peter: Freie Arbeit statt Ersatzfreiheitsstrafe, in: Soziale Dienste in der Strafrechtspflege, Heidelberg 1984

*Blei,* Hermann: Urteilsanmerkung zu AG Berlin-Tiergarten MDR 1972, 257, in: JA 1972, 309

*Böhm,* Alexander / *Erhard,* Christopher: Die Praxis der bedingten Strafrestaussetzung. Eine Untersuchung zur Anwendung des § 57 StGB in Hessen, in: MschrKrim 1984, 365

*Bruns,* Hans-Jürgen: Strafzumessungsrecht, 2. Auflage, Köln, Berlin, Bonn, München 1974

*Bühler,* Karl-Horst: Das Spannungsverhältnis von Strafzweck und Vollzugsziel bei kurzen Freiheitsstrafen – Möglichkeiten und Grenzen differenzierter Maßnahmen, in: Probleme der kurzen Freiheitsstrafe, Tagung vom 28. - 30. Mai 1979 in Bad Boll, Materialdienst 15/79 s. 31 ff, Bad Boll 1979

*Cramer,* Peter: Das Strafensystem des StGB nach dem 1. April 1970. Ein Beitrag zur Rechtsentwicklung durch das 1. StRG, in: Jur.Analysen 1970, 3

*Cremers,* Piet-Hein: Erfahrungen mit der gemeinnützigen Arbeit im Sanktionssystem der Niederlande, in: BewHi 1985, 135

*Dölling,* Dieter: Die Aussetzung des Restes der Ersatzfreiheitsstrafe zur Bewährung, in: NStZ 1981, 86

*Doller,* Hans: Reststrafenaussetzung bei Ersatzfreiheitsstrafen, in: NJW 1977, 288

*Dreher,* Eduard / *Tröndle,* Herbert: Strafgesetzbuch und Nebengesetze, 43. Auflage, München 1986

*Driendl,* Johannes: Die Reform der Geldstrafe in Österreich, Baden-Baden 1978

— Tagungsbericht – Bericht über das Kolloquium „Probleme der Geldstrafe nach der Reform", in: ZStW 88, 1137

*Dünkel,* Frieder: Prognostische Kriterien zur Abschätzung des Erfolgs von Behandlungsmaßnahmen im Strafvollzug sowie für die Entscheidung über die bedingte Entlassung, in: MschrKrim 1981, 279

*Dünkel,* Frieder / *Ganz,* Georg: Kriterien der richterlichen Entscheidung bei der Strafrestaussetzung nach § 57 StGB, in: MschrKrim 1985, 157

*Dünkel,* Frieder / *Spieß,* Gerhard: Alternativen zur Freiheitsstrafe – Strafaussetzung zur Bewährung und Bewährungshilfe im internationalen Vergleich, Freiburg 1983

Evangelische Akademie Bad Boll, Alternativen zur Freiheitsentzug? Möglichkeiten und Grenzen sozialer Betreuung in Freiheit. Bericht zur Tagung vom 22. bis 24. November 1982 in Bad Boll

*Feltes,* Thomas: Strafaussetzung zur Bewährung bei freiheitsentziehenden Strafen von mehr als einem Jahr. Argumente für eine Erweiterung von § 56 Abs. 2 StGB und § 21 Abs. 2 JGG in rechtspolitischer, rechtsdogmatischer und kriminologischer Sicht, Heidelberg 1982

*Finkler,* Franz: Vermögensstrafen und ihre Vollstreckung, in: Materialien zur Strafrechtsreform, Bd. 2, S. 105-115 Bonn 1954

*Fleischer,* Wolfgang: Die Strafzumessung bei Geldstrafen. Darstellung des Sanktionenmittels Geldstrafe und deren empirische Überprüfung nach Einführung des Tagessatzsystems, Jur. Diss., Gießen 1983

*Francke,* Herbert: Das Jugendgerichtsgesetz vom 16. Februar 1923, Berlin, München 1926

*Frank,* Ulrich: Aussetzung der Ersatzfreiheitsstrafe nach § 57 StGB? in: NJW 1978, 141

— Strafaussetzung zur Bewährung: Widerruf und Mindestverbüßungszeit, in: NJW 1981, 1341

*Frisch,* Wolfgang: Prognoseentscheidungen im Strafrecht, Heidelberg, Hamburg 1983

*Geerds,* Friedrich: Urteilsanmerkung zu BGH JR 1969, 339

*Götz,* Albrecht: Bundeszentralregistergesetz, Stuttgart, Berlin, Köln, Mainz 1972

*Goldschmidt,* James: Strafen (Haupt- und Nebenstrafen) und verwandte Maßregeln unter Berücksichtigung der den Inhalt der Strafe bestimmenden Grundsätze des Strafvollzugs, in: Vergl. Darst. A 4, 81 ff

*Grebing,* Gerhardt: Probleme der Tagessatz-Geldstrafe, in: ZStW 88 (1976), 1049

— Zur Problematik des Verschlechterungsverbots bei der Tagessatz-Geldstrafe, in: JR 1981, 1

*Groß,* Karl-Heinz: Zum Entwurf eines Strafrechtsänderungsgesetzes, in: StVert. 1985, 81

*Hasenpusch,* Burckhard / *Steinhilper,* Gernot: Die Verbüßung von Ersatzfreiheitsstrafen in Niedersachsen, in: Steinhilper, Gernot (Hg.): Soziale Dienste in der Strafrechtspflege, Heidelberg 1984

*Heinz,* Wolfgang: Entwicklung, Stand und Struktur der Strafzumessungspraxis, in: MschrKrim 1981, 148

— Strafrechtliche Sozialkontrolle – Beständigkeit im Wandel? in: BewHi 1984, 13

— Neue Formen der Bewährung in Freiheit in der Sanktionspraxis der Bundesrepublik Deutschland, in: Festschrift für Jescheck, S. 995, Berlin 1985

*Hellwig,* Albert: Die bedingte Aussetzung der Strafvollstreckung in Preußen, Berlin 1921

*Hinze,* Gerhard: Findet § 57 StGB über die Aussetzung des Strafrestes bei Vollstrekkung einer Freiheitsstrafe Anwendung? in: Rpfleger 1976, 422

*Höbbel,* Dieter: Bewährung des statistischen Prognoseverfahrens im Jugendstrafrecht, Göttingen 1968

*Hohmann,* Walter: „. . . zur Verteidigung der Rechtsordnung . . .“ Ersatzmöglichkeiten der kurzen Freiheitsstrafe im geltenden und künftigen Recht, Göttingen 1974

*Horn,* Eckhard: Das Geldstrafensystem des neuen Allgemeinen Teils des StGB und die Ratenzahlungsbewilligung, in: NJW 1974, 625

— Zwei Jahre neues Geldstrafensystem – eine Zwischenbilanz, in: JR 1977, 95

— Urteilsanmerkung zu BGH JR 1977, 511

— Urteilsanmerkung zu OLG Celle JR 1978, 203

— Die nachträgliche Auflage nach § 56 e StGB in: MDR 1981, 13

*Horstkotte,* Hartmuth: Rückblick auf die Strafrechtsreform von 1969: Erwartungen, Erfolgen, Enttäuschungen, in: BewHi 1984, 2

*Huber,* Barbara: Community service als Alternative zur Freiheitsstrafe, in: JZ 1980, 638

*Jabel,* Hans-Peter: Vollstreckung und Vollzug mehrerer Freiheitsstrafen nacheinander – Zur Änderung der Strafvollstreckungsordnung vom 10.1.1980, in: MDR 1980, 718

*Jakobs,* Günther: Strafrecht, Allgemeiner Teil, Berlin, New York 1983

*Jescheck,* Hans-Heinrich: Die kriminalpolitische Konzeption des Alternativ-Entwurfs eines Strafgesetzbuchs (Allgemeiner Teil), in: ZStW 80 (1960), 54

— Die Kriminalpolitik der deutschen Strafrechtsreformgesetze im Vergleich mit der österreichischen Regierungsvorlage 1971, in: Festschrift für Wilhelm Gallas, S. 27, Berlin, New York 1973

— Die Geldstrafe als Mittel moderner Kriminalpolitik in rechtsvergleichender Sicht, in: Festschrift für Würtenberger, S. 257, Berlin 1977

— Lehrbuch des Strafrechts, Allgemeiner Teil, 3. Auflage, Berlin 1978

— Die Freiheitsstrafe und ihre Surrogate im deutschen und ausländischen Recht, Baden-Baden 1983

*Jescheck,* Hans-Heinrich / *Grebing,* Gerhardt: Die Geldstrafe im deutschen und ausländischen Recht, Baden-Baden 1978

*Joachimski,* Jupp: Betäubungsmittelrecht, 4. Auflage, Stuttgart München, Hannover 1985

*Jung,* Heike: Kriminalpolitischer Stellenwert und Problematik der kurzen Freiheitsstrafe, in: Probleme der kurzen Freiheitsstrafe, Tagung vom 28. bis 30. Mai 1979 in der Evangelischen Akademie in Bad Boll, Materialdienst 15/79, S. 4 ff, Bad Boll

*Kaiser,* Günther: Verkehrsdelinquenz und Generalprävention, Tübingen 1970

— Kriminologie, Heidelberg, Karlsruhe 1980

— Strafvollzug im europäischen Vergleich, Darmstadt 1983

*Kaiser,* Günther / *Kerner,* Hans-Jürgen / *Schöch,* Heinz: Strafvollzug, Heidelberg 1982

*Kaiser,* Günther / *Schöch,* Heinz: Kriminologie - Jugendstrafrecht - Strafvollzug, 2. Auflage, München 1982

Karlsruher Kommentar: Karlsruher Kommentar zur Strafprozeßordnung und zum Gerichtsverfassungsgesetz, München 1982 (zit.: Bearbeiter/KK)

*Kaufmann,* Arthur: Das Schuldprinzip, Eine strafrechtlich-rechtsphilosophische Untersuchung, Heidelberg 1961

*Kerner,* Hans-Jürgen / *Hermann,* Dieter: Belastungen des Probanden, Situation des Bewährungshelfers und Bewährungserfolg, in: BewHi 1984, 136

*Kiesow,* Wilhelm: Jugendgerichts-Gesetz vom 16. Februar 1923, Mannheim, Berlin, Leipzig 1923

*Kiwull,* Harald: Kurzfristige Freiheitsstrafe und Geldstrafe vor und nach der Strafrechtsreform, einschließlich der Entziehung der Fahrerlaubnis und des Fahrverbots als Mittel der Spezialprävention,: Jur. Diss. 1979

*Kleiner,* Volker: Das Projekt „Gemeinnützige Arbeit II – die nicht nur theoretische Chance des Art. 293 EGStGB, in: ZRP 1983, 112

*Kleinknecht,* Theodor / *Meyer,* Karlheinz: Strafprozeßordnung, 37. Auflage, München 1985

*Klotz,* Wolfgang: Zur Rückfallproblematik im Kurzstrafenvollzug, in: Probleme der kurzen Freiheitsstrafe, Tagung vom 28. - 30. Mai 1979 in Bad Boll, Materialdienst 15/79, S. 15 ff, Bad Boll 1979

*Kober,* Eva-Maria: Bewährungshilfe und Führungsaufsicht in Berlin, Bonn, Bad Godesberg 1984

*Knaus,* Jürgen: Das Problem der kurzfristigen Freiheitsstrafe, Zürich 1973

*Kohlrausch,* Eduard / *Lange,* Richard: Strafgesetzbuch, 43. Auflage, Berlin 1961

*Kratzsch,* Dietrich: Verstoß gegen Auflagen oder Weisungen – selbständiger Grund für den Widerruf einer Strafaussetzung? in: JR 1972, 369

*Krieg,* Hartmut / *Löhr,* Annegret / *Lücke,* Uwe / *Meissner,* Christl / *Rufert,* Wilfried / *Schumann,* Angela: Weil Du arm bist, mußt Du sitzen, in: MschrKrim 1984, 25

*Lackner,* Karl: Strafgesetzbuch mit Erläuterungen, 16. Auflage, München 1985

*Larenz,* Karl: Methodenlehre der Rechtswissenschaft, 5. Auflage, Berlin, Heidelberg, New York, Tokio 1983

Leipziger Kommentar: Kommentar zum Strafgesetzbuch, Erster Band, 9. Auflage, Berlin, New York 1974 Zweiter Band, 10. Auflage, Berlin, New York 1985

*Lenckner,* Theodor: Die kurze Freiheitsstrafe nach den Strafrechtsreformgesetzen, in: JurA 1971, 319

*Liszt,* Franz v.: Der Zweckgedanke im Strafrecht, in: ZStW 3 (1883), 1

— Kriminalpolitische Aufgabe, in: ZStW 10 (1890), 51

*Löwe,* Ewald / *Rosenberg,* Werner: Die Strafprozeßordnung und das Gerichtsverfassungsgesetz, Großkommentar, 23. und 24. Auflage, Vierter Band §§ 359 bis 474; EGStPO, Berlin, New York 1978 und 1985

*Marks,* Erich: Arbeitslose Probanden. Hilflose Bewährungshelfer? in: BewHi 1985, 202

*Maurach,* Reinhart / *Gössel,* Karl-Heinz / *Zipf,* Heinz: Strafrecht. Allgemeiner Teil, Teilband 2, 5. Auflage, Heidelberg, Karlsruhe 1978

*Meyer,* Dieter: Verhängung einer Freiheitsstrafe, in: SchlHA 1977, 111

— Urteilsanmerkung zu OLG Oldenburg in: JurBüro 1977, 520

*Meynert,* Guido: Die bedingte Entlassung und ihr Widerruf, in: MDR 1974, 807

*Mittelbach,* Hans: Ersatzfreiheitsstrafe (§ 29 StGB), in: NJW 1957, 1138

*Mrozynski,* Peter: Aussetzung des Strafrests und Resozialisierung, in: JR 1983, 133

*Müller,* Friedrich: Juristische Methodik, Berlin 1971

*Müller-Dietz,* Heinz: Probleme der Sozialprognose in: NJW 1973, 1065

*Mutz,* Jürgen: Arbeitslosigkeit – Probleme und Konsequenzen für die Strafrechtspflege, in: BewHi 1985, 190

*Nüßlein,* Arnulf: Freiheitsstrafen in Hessen 1966, Hamburg 1969

*Ohle,* Karlheinz: Einflüsse unterschiedlicher institutioneller Regelungen auf die Praxis der Strafaussetzung zur Bewährung – Auswirkungen der Reform der Strafvollstreckung von 1975, in: Kriminologische Praxis 1984, 16

*Payer,* Werner: § 14 StGB in der Fassung des Ersten Gesetzes zur Reform des Strafrechts, Tübingen 1971

*Peters,* Karl: Urteilsanmerkung zu OLG Hamburg, in: JR 1976, 519

*Pfeiffer*, Christian: Bewährungshilfe auf falschen Gleisen? in: BewHi 1984, 66

*Pfohl*, Michael: Gemeinnützige Arbeit als strafrechtliche Sanktion, Berlin 1983

*Pohlmann*, Hans: Änderungen der StVollstrO aus Anlaß des 1. Strafrechtsreformgesetzes, des neuen Rechtspflegergesetzes und des Gesetzes zur allgemeinen Einführung eines zweiten Rechtszuges in Staatsschutzstrafsachen, in: Rpfleger 1970, 265

*Pohlmann*, Hans / *Jabel*, Hans-Peter: Strafvollstreckungsordnung. Kommentar, 6. Auflage, Bielefeld 1981

*Preisendanz*, Holger: Urteilsanmerkung zu OLG Zweibrücken in: JR 1976, 466

— Strafgesetzbuch, 30. Auflage, Berlin 1978

*Quensel*, Stephan: Kurzfristige Freiheitsstrafen. Möglichkeiten einer rationalen Kriminalpolitik, in: Festschrift für v. Hentig, S. 289 Hamburg 1967

*Rebmann*, Kurt / *Uhlig*, Sigmar: Bundeszentralregistergesetz mit Nebenbestimmungen, München 1985

*Reiß*, Günter: Abwendung der Vollstreckung von Ersatzfreiheitsstrafen durch freie Arbeit, in: Rpfleger 1985, 133

*Riedl*, Johann: Die Auflagen und Weisungen im Rahmen der Strafaussetzung zur Bewährung – §§ 24 a-d StGB, 1972

*Rößner*, Dieter: Probleme der Wissensvermittlung im Kurzstrafenvollzug, in: Probleme der kurzen Freiheitsstrafe, Tagung vom 28. bis 30. Mai 1979 in der Evangelischen Akademie in Bad Boll, Materialdienst 15/79, S. 94 ff, Bad Boll 1979

*Rohnfelder*, Dieter: Die Bewährungshilfe – Eine kriminalpädagogische und kriminalpolitische Untersuchung der Gegebenheiten und Möglichkeiten, Jur.Diss. Frankfurt 1974

*Rolinski*, Klaus: Ersatzfreiheitsstrafe oder gemeinnützige Arbeit? in: MschrKrim 1981, 52

*Roxin*, Claus: Zur Entwicklung der Kriminalpolitik seit den Alternativ-Entwürfen, in: JA 1980, 545

*Ruge*, Bernd: Bedingte Entlassung und Bewährungshilfe – eine kriminologische Untersuchung von 262 gemäß § 26 StGB in den Jahren 1954 - 1959 entlassenen Strafgefangenen, die in Hamburg von der Bewährungshilfe betreut wurden, Jur.Diss. Hamburg 1966

*Rusche*, Günter / *Kirchheimer*, Otto: Sozialstruktur und Strafvollzug, Frankfurt/Main 1974

*Schädler*, Wolfram: Das Projekt „Gemeinnützige Arbeit“ – die nicht nur theoretische Chance des Art. 293 EGStGB, in: ZRP 1983, 5

— Der „Weiße Fleck“ im Sanktionensystem, in: ZRP 1985, 186

*Schaffmeister*, Dieter: Durch Modifikation zu einer neuen Strafe, in: Festschrift für Jescheck, S. 591, Berlin 1985

*Schall*, Hero: Die Sanktionsalternative der gemeinnützigen Arbeit als Surrogat der Geldstrafe, in: NStZ 1985, 104

*Schmidt,* Eberhard: Freiheitsstrafe, Ersatzfreiheitsstrafe und Strafzumessung im Alternativ-Entwurf eines Strafgesetzbuchs, in: NJW 1967, 1929

*Schönke,* Adolf / *Schröder,* Horst: Strafgesetzbuch – Kommentar, 21. Auflage, München 1985

*Schultz,* Hans: Krise der Kriminalpolitik, in: Festschrift für Jescheck, S. 791, Berlin 1985

*Schwind,* Hans-Dieter / *Böhm,* Alexander: Strafvollzugsgesetz – Gesetz über den Vollzug der Freiheitsstrafe und der freiheitsentziehenden Maßregeln der Besserung und Sicherung vom 16. März 1976 – Großkommentar Berlin, New York 1983

*Schwind,* Hans-Dieter / *Steinhilper,* Gernot (Hrsg.): Modelle zur Kriminalitätsvorbeugung und Resozialisierung, Heidelberg 1982

SK: Systematischer Kommentar zum Strafgesetzbuch, bearbeitet von Hans-Joachim Rudolphi, Eckhard Horn, Erich Samson, Band I. Allgemeiner Teil (§§ 1 - 79 b), 1. Auflage, Frankfurt/Main 1975, 5. Auflage, 8. Lieferung, Frankfurt/Main 1987

*Sonnen,* Bernd-Rüdiger: Die Bedeutung sozialtherapeutischer Maßnahmen für die Sozialprognose – KG NJW 1973, 1420 und KG 1972, 2228, in: JuS 1976, 364

*Stenner,* Dieter: Die kurzfristige Freiheitsstrafe und die Möglichkeiten zu ihrem Ersatz durch andere Sanktionen, Hamburg 1970

*Stooss,* Carl: Thyréns Präventionstheorie und der schwedische Strafgesetzentwurf, in: Schweizerische Zeitschrift für Strafrecht 1918, 1

Strafrecht der Deutschen Demokratischen Republik – Lehrkommentar zum Strafgesetzbuch, Band I, Berlin 1969, (zit.: Lehrkommentar)

Strafrecht der Deutschen Demokratischen Republik – Kommentar zum Strafgesetzbuch, 3. Auflage, Berlin 1981

*Sturm,* Richard: Die Strafrechtsreform. Zum allgemeinen Teil des Strafgesetzbuches nach dem Ersten Gesetz zur Reform des Strafrechts (Fassung 1. April 1970), in: JZ 1970, 81

*Sydow,* Karl-Heinz: Erfolg und Mißerfolg der Strafaussetzung zur Bewährung, Jur. Diss. Bonn 1963

*Tenckhoff,* Jörg: Die Kriminalprognose bei Strafaussetzung und Entlassung zur Bewährung, in: DRiZ 1982, 95

*Terhorst,* Bruno: Die Aussetzung eines Strafrestes zur Bewährung, in: MDR 1973, 627

*Thornstedt,* Hans: Skandinavische Erfahrungen mit dem Tagesbußensystem, in: ZStW 86, 595

*Thyrén,* Johan C. W.: Prinzipien einer Strafgesetzreform. I. Die soziale Aufgabe der Strafe. Das Strafensystem, Berlin, Lund 1910

*Tiedemann,* Klaus: Gleichheit und Sozialstaatlichkeit im Strafrecht in: GA 64, 351

*Tröndle,* Herbert: Die Geldstrafe im neuen Strafensystem, in: MDR 1972, 461

— Die Geldstrafe in der Praxis und Probleme ihrer Durchsetzung unter besonderer Berücksichtigung des Tagessatzsystems, in: ZStW 86 (1974), 545

— Geldstrafe und Tagessatzsystem, in: ÖJZ 1975, 589

— Urteilsanmerkung zu BayObLG JR 1976, 161

*Vogler,* Theo: Demontage des Tagessatzsystems? in: JR 1978, 353

*Volckart,* Bernd: Zur Verrechtlichung der Gnade in Strafvollstreckung und Vollzug, in: NStZ 1982, 496

*Voß,* Michael: Tendenzen strafrechtlicher Sozialkontrolle, in: Kriminologische Praxis 1984, 23

*Weber,* Ulrich: Aussetzung des Restes der Ersatzfreiheitsstrafe nach § 57 StGB, in: Gedächtnisschrift für Horst Schröder, München 1978

*Weigend,* Thomas: Die kurze Freiheitsstrafe – eine Sanktion mit Zukunft? in: JZ 1986, 260

*Wetterich,* Paul / *Hamann,* Helmut: Strafvollstreckung, 3. Auflage, München 1978

*Zimmermann,* Dieter: Tilgung uneinbringlicher Geldstrafen durch freie Arbeit. Das hessische Projekt „Gemeinnützige Arbeit", in: BewHi 1982, 113

*Zipf,* Heinz: Urteilsanmerkung zu BayObLG JR 1974, 430

— Probleme der Neuregelung der Geldstrafe in Deutschland, in: ZStW 86 (1974), 513

— Urteilsanmerkung zu OLG Celle JR 1977, 121